パブリック・アチーブメント／シティズンシップ教育
シリーズ

地域から学ぶ・世界を創る

—— パブリック・アチーブメントと持続可能な未来 ——

二ノ宮リムさち・高梨宏子

〔編著〕

学文社

・ はしがき ・

「学習活動は…人びとを，なりゆきまかせの客体から，自らの歴史をつくる主体にかえていくものである」（ユネスコ国際成人教育会議（1985）「学習権宣言」）

わたしたちは，それぞれが，毎日を懸命に生きている。この本を手にとった皆さんのなかには，起きて，勉強したり働いたりして，ご飯を食べて，寝る，それだけで精一杯だ，という人もいるだろう。遊びや趣味に時間をつかって，楽しく毎日を過ごすことができている，という人もいるだろう。たくさんの悩みを抱えて苦しい時をなんとか生き抜いている，という人もいるかもしれない。そんななかでは，なりゆきまかせに，流されるままに，とにかく日々をやり過ごしていければそれでよい，と感じることもある。

忙しさや苦しさのなかで余裕のないときでも，しかし，きっと，ふと考えるときがくる。自分の人生，その人生をとりまく社会，その主役はだれなのだろうか，自分こそがその主役ではないのか，と。

人生を，社会を，その歴史を，自らが主役になって創っていきたいと思うとき，わたしたちに必要なのは学習だ。ほかの誰のものでもない自分の人生。その人生の舞台となる社会。わたしもあなたも，それらを拓き創る力を発揮するために，学ぶ権利をもっている。

この本は，「人生を拓き社会を創るパブリック・アチーブメント／シティズンシップ教育シリーズ」の一冊である。人生を拓き，社会を創るために，「地域」と「世界」のそれぞれから「とっかかり」をつかもう，という試みだ。

本書と『人生を拓く・社会を創る─シティズンシップの学び』から成る本シリーズの構想・内容は，東海大学が2018年度から初年次必修科目として開講してきた教養としてのシティズンシップ（パブリック・アチーブメント（PA）型）教育にもとづく。この教育の企画統轄を担ってきた東海大学スチューデントアチーブメントセンター（2024年度より総合教育センター）の教員や，授業を担当

した多様な教員陣，さらに卒業生や外部協力者にも執筆いただいた。また特に本書には，シティズンシップ教育の発展的理念・実践体系としてのパブリック・アチーブメントが生まれた米国ミネソタ大学から，現在の実践報告を寄せていただいている。

　豊かな人生と社会を，地域と世界で，ともに考え歩んでいくために，本シリーズが役立てば幸いである。

2024年3月5日

編者を代表して

二ノ宮リム　さち

・目　次・

序　章　パブリック・アチーブメント型シティズンシップ教育とは

　本書は，わたしたちが一人の市民，一人の人間として，暮らしの基盤である地域から学び，持続可能な世界を創るために，考え，話し合い，まわりの人々とつながって，一歩を踏み出すためのガイドである。

　わたしたちはだれもが，どこかの地域で，さまざまなひと，もの，ことに支えられながら暮らしている。したがって，豊かな暮らしを営むためには，それを支える地域を豊かに持続させていくことが不可欠である。地域で仲間をつくり，議論し，行動し，持続可能な地域を実現していくことが，自分を含む多様な一人ひとりの暮らしを支える。

　いっぽう，地球上には80億人を超える人々が，さまざまな言語・文化・社会のもとに生活している。近年の情報技術や交通輸送技術などの発展は，遠く離れた地域と人々が緊密につながりあう時代をもたらした。さまざまな背景と価値観を持つ人々が国境を越えてつながり，影響を与えあいながら同時代を生きるグローバル社会において，手をとりあい，平和で公正な世界を構築していくことが，やはりわたしたち一人ひとりの生活の基盤となる。

　本書は，地域に生きるわたしたちが，自らが暮らす地域社会を見つめ，多様な人々の目線に立って，地域の課題を発見し，理想の地域を描き，その実現について考え，持続可能な地域づくりにそれぞれの立場から参画していくことを目指す。さらに，世界に目を向けながら，日々の暮らしのなかで当然と思ってきた自分の思考の枠を取り払い，グローバル社会の現実を客観的に理解するとともに，グローバル社会を生きる自分自身のアイデンティティを認識し，多様な他者とともに生きる力，世界をともに創る力を得ることを目指す。

　そのためのガイドの軸となるのが，「パブリック・アチーブメント（Public Achievement，以下PA）」とよばれるシティズンシップ教育の発展的理念・実

践体系である。

　1990年，米国・ミネソタ大学ハンフリー公共問題研究所に所属していたハリー・ボイト（Harry Boyte）博士が提唱し，世界各地で実践が展開されてきたPAは，「ふつうの人々が並外れたことをする（Ordinary people do extraordinary things）」をモットーに，あらゆる年代の人々が，他者とともに課題に向き合い問題を解決するなかで，民主主義のあり方を互いに学び合い，行動するための具体的なスキルとアイデンティティを獲得していく取り組みだ[1]。日本では，教育学者の小玉重夫が著書（2003）や経済産業省による報告書『シティズンシップ教育宣言』（2006）で紹介したことを契機に日本でも知られるようになり，その後日本の大学でもこの理念を基盤にした教育が実践されている[2]。

　本書は，このPA型シティズンシップ教育を軸に，若者やおとなが「地域から学び，世界を創る」ために考え，話し合うための道標を示す。その導入として，まずこの序章では，シティズンシップ教育とPAの背景やルーツ，意義と課題を整理したい。そもそも「シティズンシップ」とはどのような概念なのか。その概念に基づき「シティズンシップ」を学ぶことの必要性や意義はどこにあるのか。また，そのための「シティズンシップ教育」が国内外でどのように発展し，どのような課題に直面してきたか。そして，シティズンシップ教育においてPAはどのような位置づけにあるか。これらの問いを，一つひとつひも解いていくことで，本書をガイドに学ぼうとする読者，そしてそうした学びを支える教育を担おうと考える読者に，本書全体の背後にある景色を示すことを意図している。次章以降に進む前に読むのももちろんよいが，本書を通じた学びを進める途中，または最後に戻ってきて確認するのでもかまわない。以下，読者の関心に応じて活用してほしい。

1．シティズンシップとは

　はじめに，「シティズンシップ（citizenship，市民性）」とはどのような概念なのだろうか。その発展を追いながら確認してみよう。

　まず，シティズンシップとは，「政治的共同体の構成員としての資格，地位，

責任，権利，義務，帰属意識」（市民権），または「市民であること，市民意識，市民的資質，市民としてのあり方や生き方」（市民性）といった意味を持つ多義的な概念だ（寺島 2009：1015-1016）。もともとは，17世紀から18世紀にかけて欧州を中心に発生した市民革命を経て，当初は一部の成人男性に限られていた国民国家の主権者が段階的に拡大するなかで，そうした国家の構成員の権利と義務を表す概念として発展した（小玉 2003）。1980年代に入ると，英国や米国で新自由主義，新保守主義といった思想・立場が台頭し，市民の権利や平等を重視する「福祉国家的」シティズンシップの理念は失墜したが，1990年代，英国の社会学者，アンソニー・ギデンズ（1999）が「旧式の社会民主主義と新自由主義という二つの道を超克する道，という意味での第三の道」と表現した方向性が現れ，「福祉国家論が追及した諸個人の権利や平等というモチーフと，保守主義における市場や共同体の再評価という視点とを融合していく際の鍵（小玉 2003：14）」となる「新しい政治的公共性…の担い手を指す概念（同上：19)」としてのシティズンシップが復権した。この背景には，第二次世界大戦中のナチズムの台頭が，「公共」を軽視する「私的所有者としての市民」の存在によって成り立ったのだという，戦後の反省もあった（寺島 2009）。

　いっぽう，日本では，「国民とは天皇制国家に従属する臣民である」と考えられた時代を経て，戦後，民主主義への転換と高度経済成長の時代に入るなかで，国家と国民の関係を強調することがタブー視されるようになった。その代わりに，人は企業への就職をもって「社会人」として一人前になるという考え方が広がり，この結果として，日本では「政治的担い手としてのシティズンシップ」の概念が充分に育たなかったのではないかとも考えられる（小玉 2003：108）。しかし，今，企業と人々の関係は，再び大きく変化している。異なる企業やセクターの間で転職したり，自ら起業したり，地域社会で活動したり，「社会人」としての生き方には多様な可能性があることが認識されつつある。日本社会は，シティズンシップ概念をいまいちど検討する必要に直面している。

　さらに今日，グローバル化の進展にともない多くの人々が国境を越えて移動する時代が到来し，国民国家の構成員としてのシティズンシップというとらえ

かたは世界的に見直しを迫られてきた。国家への帰属・国籍にこだわらない「市民感覚・市民意識・市民精神など，市民としての生き方・あり方」としてシティズンシップを捉えることが自然となり，もともとは排他性を内包していたシティズンシップ概念が，より包摂的に市民社会との関連で理解されつつある（同上）。さらに，国境を越えた市民の連帯がより重視され，世界の一員としての市民性を意味する「グローバル・シティズンシップ」という表現も注目されるようになっている（同上）。

このように発展してきた「市民性」としてのシティズンシップの概念に基づき，寺島（2009）は，市民として身につけるべき資質を5つの点に整理している（表序.1，原文を筆者が要約）。

2．シティズンシップ教育の今日的意義

このようにシティズンシップの概念が発展，変遷したなか，1990年代以降，市民性としてのシティズンシップを教育・学習することの重要性が，国際的な議論や各国の政策のなかで強調されるようになった。特に，積極的・能動的に政治的公共性を担い社会を創る市民のあり方が「アクティブ・シティズンシップ（能動的市民性）」と表現され，それを支える教育の役割が注目されている。

成人の教育や学習についての議論・検討の中では，1997年の「成人学習に関するハンブルグ宣言（第5回国際成人教育会議）」に，教育は「アクティブ・シティズンシップの帰結であると同時に社会生活への完全な参加の条件（下線は筆者）」だと記され，教育とシティズンシップが相互に不可欠な関係性にあることが示された。また，2015年のUNESCOによる「成人学習及び成人教育に関する勧告（Recommendation on Adult Learning and Education：RALE（2015年勧告））」では，「成人学習及び成人教育は，地域社会の教育，一般の教育又は自由教育として様々に知られているアクティブ・シティズンシップのための教育及び学習の機会も含む。成人学習及び成人教育は，人々に，社会問題（貧困，性別，世代間の連帯，社会的流動性，正義，公平，排除，暴力，失業，環境保護，気候変動等）に積極的に関与するための力を与える。（下線は筆者）」とされ，

表序.1　シティズンシップ（市民性）の資質

①	他者感覚：他者の立場に立って考えてみる能力。いったん相手の立場に立ち，どうしてそのように考えるのかを理解すると，現実がいままでとは違ったように見えてくるというような経験。自己の見方をつねに相対化し，自分の価値観を他人に押し付けないということ。
②	開かれた態度：他者の批判に対して開かれていること。見知らぬ者を受け入れる，分け隔てのなさ。他者，社会，世界に対して開かれているということ。異なった考えや意見に対して寛容で，意見の違いがあってもねばり強い討論と熟慮によって解決していく能力。
③	正義感覚：正しいと思うことをなそうとする意志，信念。自分が正しいと確信したことはたとえ周りの人々が反対でも主張し，間違っていると判断したことはたとえ一人でも「ノー」と言うこと。自己に矛盾せず，一貫した態度をとることで，誠実さを形成する。そのために独立した思考空間をもち，自分の行いや発言を考え直し，意見を変える場合には，大勢に迎合するのではなく自分の不明を啓かれてその自覚の上で行うこと。
④	対等な関係性：人と人との関係が命令―服従の関係ではなく，平等な立場にあること。機会均等，結果の平等だけでなく，関係性としての平等。市民は自由で平等であることを条件としており，市民活動においてはリーダーシップはあってもその関係は固定的でない。アレントが複数性（plurality）と表すような人間の差異と共通性にもとづき，協力や信頼が生まれ，市民として新しいことをなしていくことが可能になる。
⑤	非暴力の態度と規範：身体的にも精神的にも他人を意図的に傷つけないこと。紛争を非暴力的に解決すると同時に，生活様式においても非暴力的に振る舞う。生命の尊重を前提に，他者に対する寛容，集団内での合意，生命に関するポジティブな諸価値，人間の多様性，自然との調査，簡素な生活の追求など，日常的な生き方としても実践可能。

出典：寺島（2009），筆者要約

社会の問題に関与しよりよい社会づくりに参画するアクティブ・シティズンシップの重要性が示された。さらに2022年の「マラケシュ行動枠組：成人学習・教育の変革力を実装する（第7回国際成人教育会議）」は，成人学習・教育は「社会的結束を固め，社会情動的スキル開発を強化し，平和を確保し，民主主義を強化し，文化理解を深め，あらゆる差別を排除し，平和的共生やアクティブ・シティズンシップ，グローバル・シティズンシップを促進するための強力な政策対応となる（下線は筆者）」と，国境を越えたシティズンシップについても強調している。

　また，国連が2015年に採択した『我々の世界を変革する：持続可能な開発の

ための2030アジェンダ』（以下，2030アジェンダ）に記されているSDGs（Sustainable Development Goals：持続可能な開発目標）では，目標4「質の高い教育をみんなに」のターゲット4.7に「2030年までに，持続可能な開発のための教育及び持続可能なライフスタイル，人権，男女の平等，平和及び非暴力的文化の推進，グローバル・シティズンシップ，文化多様性と文化の持続可能な開発への貢献の理解の教育を通して，全ての学習者が，持続可能な開発を促進するために必要な知識及び技能を習得できるようにする（下線は筆者）」と，やはり世界の一員としての市民性が提起されている。

　さらに，2021年，UNESCOが2050年までの教育全体の方向性を示す報告書として発行した『わたしたちの未来をともに再考する―教育のための新しい社会契約（筆者仮訳，原題 Reimagining Our Futures Together-A new social contract for education)』は，これからの教育が，学習者が公正さを重視しながらともに知を創り変えていく場となる必要性を強調しつつ，地球環境の持続可能性への着目，知ることと感じることの統合，言語の多様性の重視，数学や歴史，科学へのより広く柔軟なアプローチといった点と並んで，「人権，アクティブ・シティズンシップ，民主的参画（下線は筆者）」を支える視点が重要だと論じている。

　元来，国家が主導する公教育には，歴史や国語を共有し戦争や経済成長に貢献できる人材としての国民を育てる役割が期待されてきた。ところが，新自由主義が広がるなか，グローバル化により国境の意味が薄れたと同時に，社会的弱者保護を国家よりも市民社会が担う状況が進展し，市民社会の形成者としてのシティズンシップを育てる役割が強調されるようになったという事情が，このようにシティズンシップ教育への着目が広がってきた背景にある（寺島2009）。

　また，より前向きな状況として，上述のSDGsや，UNESCO報告書（2021）が提起するように，人間社会の持続可能な未来のためには，新たな知を創造し，既存の仕組みを変革（transform）する取り組みを，あらゆる人々の主体的・積極的参画を保障しながら進めねばならないという認識に国際的な議論が到達し

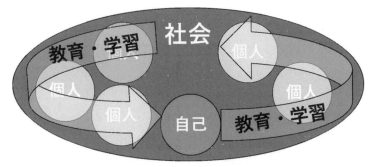

図序.1　自己と社会の変革・変容につながる学習・教育のサイクル

出典：二ノ宮リム（2022）

ているということがある。気候変動，生物多様性損失，感染症拡大，戦争といっ
たグローバルな課題が複雑な要因と結果の網目に囲まれながら推移し，誰にも
将来の予測がつかない現代社会において，一部の専門家や政治家の権威による
民衆の動員では持続可能な未来を実現することはできない。既存の社会の枠組
のなかで，そのシステムに適応し義務を果たし奉仕するというよりも，現行の
社会システムそのものを批判的に捉え，政治的公共性の観点をもって課題を見
出し，現状を変革していく取り組みが必要だ。多様な立場や価値観をもつ主体
の参画によって，将来ビジョンを擦り合わせながら，誰も取り残さない持続可
能な未来に向け，ともに変革を実現する過程が不可欠であり，そのためにはそ
こに参画する政治的主体としてのアクティブ・シティズンシップを支える学
習・教育が欠かせない。

　社会の変革は，学びを通じた学習者自身の変容と連動する（図序.1）。一定
の知識を得る認知面の学習のみならず，社会・情緒・行動の側面における非認
知面を含む学びを，教育の内容・成果・方法・環境を連動させながら支え，学
習者と社会の変容・変革につなげる過程として検討・実践・評価し，学習者の
エンパワーメント（本来持っている力の発揮）につなげる視点が必要となる（UN-
ESCO 2020）。平和，人権，民主主義，共生といった普遍的価値を共有し，さ
まざまな社会的課題に立ち向かいながら，持続可能な社会に向け，ともに変革
を進める，そうした政治的取組みを支えるシティズンシップ教育が求められて

いる。

3．国内外におけるシティズンシップ教育の発展・動向

　上記のような，シティズンシップ教育が痛切に求められてきた状況を背景に，イギリスでは1998年，「シティズンシップに関する諮問委員会」による最終報告書『学校におけるシティズンシップのための教育と民主主義教育（原題 Education for citizenship and the teaching of democracy in schools，通称クリック・レポート）』（QCA 1998）が発表され，2002年に「シティズンシップ」という科目がナショナル・カリキュラムにおける11〜16歳対象の必修科目として導入された。このレポートは，シティズンシップ教育を3つの要点に整理している（表序.2）。ここでは，学校教育，大学，さらに学校外・卒業後の社会生活を通じてこれらの学びを続けていくことの重要性が意図されている。そして，こうした学習においては，国民形成というよりも，むしろ移民などを含む多様な文化的背景を持つ人々の間の相互理解につながることが重要視された（寺島 2009）。

　こうしたイギリスの取組みは，先進的動向として国際的にも注目されたが，ナショナル・カリキュラムが見直された後の2014年以降は状況が変化している。シティズンシップという科目は必修として残されたものの，政治的公共を担う市民というよりも，責任ある個を育てるという方向性がとられ，国の歴史や制度等に関する知識やボランティア活動の推進が主眼となっていることが，多くの学者によって批判されている（氏井 2022）。

　いっぽう，日本では，大正デモクラシー以降の政治学者らによる公民教育論が，戦後も1950年代ごろまで続いたが，1960年代以降は教育が「脱政治化」（小玉 2009），つまり教育は，実際に社会を構築・変革しようとする取組みから距離を置くようになっていった。さらに1990年代以降のナショナリズムと新自由主義の高まりとあいまって，1999年の国旗国歌法制定，2006年の教育基本法の改定といった国家体制を教育が支える関係性を強調する動きが進んだ（寺島 2009）。また，2000年の教育改革国民会議では，「個人と国家との関係を再構築しなければならないという問題意識」から，奉仕活動の義務化が議論された（小

表序.2　英国ナショナルカリキュラム（〜2013年）におけるシティズンシップ教育の3本柱

- 社会的・道義的責任：子どもたちが学校内外で，自信をもち，権威者や互いに対して社会的，道徳的に責任ある行動をとることを学ぶこと
- コミュニティへの参画：地域社会への参画やサービス（奉仕）をとおして共同体の生活や関心を知り，それらに役立つかたちで関われるようになること
- 政治的リテラシー：政治的知識にとどまらず，公共的生活に効果的に関わるための知識，スキル，価値を学ぶこと

出典：QCA 1998，寺島 2009（一部筆者改変）

玉 2003：109)。これらの動きのなかでは，個人は国家に対する義務を果たす存在と捉える視点が強調され，国家の意思決定に参加する政治的主体という意味でのシティズンシップを育む視点は軽視された（同上）。

　日本の教育基本法は，第14条で「良識ある公民として必要な政治的教養は，教育上尊重されなければならない。」と定めており，これは上述の「政治的担い手」の形成を意図していると読むことができる。しかしいっぽうで，その後に続く「2　法律に定める学校は，特定の政党を支持し，又はこれに反対するための政治教育その他政治的活動をしてはならない。（下線は筆者）」という条文が，学校教育のなかで政治的課題が扱われることを阻んできた実態がある。国連子どもの権利委員会は，これまで日本政府に対し「学校の内外で児童により行われる政治活動への制限について懸念する」(2004年)，「自らに影響を与えるあらゆる事柄について意見を十分に表明する権利を促進するための取組を締約国が強化するよう勧告する」(2010年) と勧告している。選挙権，さらに成年年齢の「18歳以上」への引き下げにより，政治的主体を育成する高校教育の役割が注目されるなか，2015年には文部科学省による「高等学校等における政治的教養の教育と高等学校等の生徒による政治的活動等について（通知）」が発出された。この通知に対しては，「高校生の政治活動を禁止していたそれまでの立場を転換し，形骸化してきた高校での政治教育を活性化させる可能性を拓くもの（日本学術会議心理学・教育学委員会 2016)」という評価もあった一方で，「教師に対して……『個人的な主義主張を述べることを避け』ることを

求める点」「生徒……の政治的活動について，授業その他の学校教育活動の場面では一律に禁止し，放課後や休日の構内及び構外においても必要最小限の制約を超えた制限・禁止を求めている点」などへの批判（日本弁護士連合会 2016）もなされている。

　いま，グローバルな市民社会を積極的・主体的に担う政治的主体としてのアクティブ・シティズンシップが世界的に重視される状況下で，日本の教育にも，シティズンシップ育成をどのように位置づけることができるか，再構築・再方向づけが求められる。

　2006年，経済産業省が三菱総合研究所とともに「シティズンシップ教育と経済社会での人々の活躍についての研究会」を設置し，その報告書として『シティズンシップ教育宣言』が発表された。そこには，「シティズンシップ教育とは，多様な価値観や文化で構成される現代社会において，個人が自己を守り，自己実現を図るとともに，よりよい社会の実現に寄与するという目的のために，社会の意思決定や運営の過程において，個人としての権利と義務を行使し，多様な関係者と積極的に関わろうとする資質を獲得できるようにするための教育とされ，学校教育のみならず，地域社会や家庭における教育も含むとされている。」と記された（経産省・三菱総研 2006：20）。

　また，2022年度より，高校教育に新科目「公共」が導入された。日本学術会議心理学・教育学委員会（2016：iii）は，この科目が「政治的主体の育成をコアとし，多様性へと開かれた関係として公共性をとらえるために，社会を構成する人々の多様性に気づかせようとする視点として①多文化共生，②セクシュアリティの多様性とジェンダー平等を，公共性の空間的範囲が日本社会に閉じられたものではないことに気づかせる視点として③東アジアのなかの日本を，それらを踏まえて政治的主体が決定を行なう際に注意すべき視点として④立憲主義と民主政治を，最後にそのような主体に求められる⑤哲学・倫理学的素養を重視すべきである」と提言している。さらにこの科目の設置が，高校教育と大学教育，さらにそれらと現実社会とのつながり，つまり高大社接続の改革に位置づくことも期待されている（小玉ほか 2021）。

4．シティズンシップ教育としてのパブリック・アチーブメント

　PA は，前述のとおり，アメリカの代表的なシティズンシップ教育研究者・実践者として知られるハリー・ボイト博士が構想，提起し，世界各地で実践されてきた教育理念・実践体系である。

　ボイトは，1950〜1960年代の米国における公民権運動の時代，マーティン・ルーサー・キングらが各地に設置した「シティズンシップ・スクール」の運動に参加し，そこでの経験を基軸に PA を創造した（ボイト 2020）。シティズンシップ・スクールとは，当時，黒人の投票を妨げていた識字能力要件を満たすために文字の読み書きを学びたいという人々の希望を叶えるために，1957年，サウスカロライナ州のジョンズ島で始まった学習の場である（同上）。そこでは，教師と生徒という関係ではなく，ともに取り組み教え合う関係が重視され，日常的な実践に基づく学習，すなわち学習者が読みたい・書きたいもの(聖書，子どもからの手紙，カタログ，郵便為替など)，ほかに生活の中で必要となるもの（必要なガソリンや塀をつくる材料の計算など）を題材として学びながら，世界人権宣言（巻末参照）のような崇高な理想を共有し，日常と理想をつなぐ学習が意図された（同上）。1961年，シティズンシップ・スクールは，南部キリスト教リーダーシップ協議会に引き継がれ，シティズンシップ・エデュケーション・プログラムとして爆発的に発展，1969年までに5,000人以上が1週間の研修プログラムを受け，数万人が講座に参加した（同上）。ここではさらに，人種隔離の不当性を示す行進やデモといった抗議行動を広げることにくわえて，それぞれの足元で地道な交渉により実体のある変化を実現する，「身に沁みついた服従のパターンを乗り越えて，『パブリックになる』勇気を育てること」，そのための「実用的な能力を与え」ることが重視された（同上：148）。

　PA は，こうしたシティズンシップ・スクール運動と，それがさらに源流とする「ハル・ハウス（1989年，シカゴで貧しい移民と学生がともに暮らしながらシティズンシップを育む場として開設されたセツルメント）」「フォルケホイスコーレ（デンマークの神学者・哲学者グルントヴィの思想に根差す民衆教育の場）」「コミュ

ニティ・オーガナイジング(市民の力を結集，組織化する社会運動の手法)」といった取組みを起源とする(同上)。PA では，これらに共通する理念に沿って，個々人の経験や関心に基づきつつ，対等な関係性を通じ，「公共の理想を政治的に実現していく力」を得る学びが重視される。

ボイトは，1990年，ミネソタ大学に所属しながら，若者を対象とした教育としての PA を開始した。またボイトはそのころ，米国政府の「新しいシティズンシップのための白書」を編纂するグループに参画し，所与の社会への動員という意味でのボランティアとしてシティズンシップを捉える見方を批判，「異質な他者と関わり合う政治的スキル」を育む PA の意義を主張した(同上：xiv)。教育が共同体への忠誠や貢献の必要性と目先の課題解決のみを強調すれば，それは既存の社会の枠の中で人々が動員されることを促すだけとなる。PA の目的は，「若者が自由な主体，自分たちが暮らす世界の共同創造者として，世の中の発展…もう一つの政治の創造に取り組める機会を提供」し，「市民の体力(civic muscle)」，他者とともに社会を創る力としての「市民的（シビック）エージェンシー（civic agency）」の獲得を支えることにある（同上）。

具体的な PA の実践では，主に小学生から高校生，大学生らが，チームで，公共的な課題(地雷問題，児童労働，セクシュアル・ハラスメント，人種やセクシュアリティなどによる差別といった社会的公正に関わる課題や，壊れたトイレの仕切り壁の修理といったごく身近な問題など)に取り組む(同上)。実際に行動するなかで，会議の進行，インタビュー，パブリック・スピーキング，ライティング，熟議といった政治的スキルや市民としてのアイデンティティを獲得していく(同上)[3]。

本書では，この PA の理念を基礎に置きつつ，公共的な課題への実際の取組みを始める前の，自らの関心から地域と世界の課題を探求し，地域と世界でどのように取り組んでいくことができるかを考える学びを展開する。

以上，序章では，PA 型教育としてのシティズンシップ教育の意義と課題を確認するため，その背景やルーツ，発展経緯と課題について整理してきた。「シ

ティズンシップ」の概念，それを育む必要性や意義，さらにそのための「シティ
ズンシップ教育」の発展と PA の位置づけを示しながら，本書全体の背景を概
観した。次章以降の学びにこれから進む読者は，ぜひ，こうした「シティズン
シップ」「シティズンシップ教育」「PA」の考え方が，自らの力の発揮をどう
支えるかを考えながら頁をめくってほしい。すでに次章以降の学びを進めてい
る読者には，あらためて，本書を通じた学びを自らの「シティズンシップ」の
獲得としてふりかえってもらえればと思う。

　持続可能な社会を担う政治的主体としてのアクティブ・シティズンシップ
を，子どもからおとなを含む人々が学び，身につけ，自らの力を発揮して暮ら
しと社会を切り拓き，よりよい未来につなげることが，見通しのつかない現代
社会で求められている。さあ，ともに，地域から学び，人生を拓き，世界を創
る仲間として，アクティブ・シティズンシップを発揮していこうではないか。

✎　注

(1)　ウェブサイト "Public Achievement", Augsburg University
　　　https://sites.augsburg.edu/publicachievement/（最終アクセス　2023年10月31日）。
(2)　2018年には東海大学が PA の理念に根差す独自の「PA 型教育」を導入，教養として
　　　のシティズンシップ育成に取り組んでいる。東海大学の実践については，本書補章(pp.
　　　109-149) 参照。
　　　　また，立教大学でも，2016年より「立教サービスラーニング」の全学共通科目（選
　　　択）として PA が導入されている。以下を参照。
　　　小玉重夫 (2020)「監修者解説」ボイト，ハリー・C. 著・小玉重夫監修・堀本麻由子・
　　　平木隆之・古田雄一・藤枝聡監訳 (2020)『民主主義を創り出す—パブリック・アチー
　　　ブメントの教育』，東海大学出版部。
(3)　本書補章(pp. 103-107)に，ミネソタ大学食農自然資源科学部の実践を掲載している。

📖　引用・参考文献

ボイト，ハリー・C. 著・小玉重夫監修，堀本麻由子・平木隆之・古田雄一・藤枝聡監訳
　　(2020)『民主主義を創り出す—パブリック・アチーブメントの教育』東海大学出版部。
ギデンズ，アンソニー著，佐和隆光訳 (1999)『第三の道：効率と公正の新たな同盟』日
　　本経済新聞社。
経済産業省 (2006)『シティズンシップ教育宣言』経済産業省／三菱総合研究所。
小玉重夫 (2003)『シティズンシップの教育思想』白澤社。

小玉重夫・井柳美紀・谷藤良昭・仁平貴子・田中智輝・村松灯（2021）「新科目『公共』は高大社の接続をどう変えるか」『日本教育学会大會研究発表要項』。

日本弁護士連合会（2016）「高等学校等における政治的教養の教育等に関する意見書」（6月21日）。

日本学術会議心理学・教育学委員会（2016）「18歳を市民に―市民性の涵養をめざす高等学校公民科の改革―」市民性の涵養という観点から高校の社会科教育の在り方を考える分科会。

二ノ宮リムさち（2022）「ポストコロナにおけるアクティブ・シティズンシップと生涯学習・社会教育」鈴木敏正・朝岡幸彦編著『社会教育・生涯学習論（改訂版）』学文社。

QCA（Qualifications and Curriculum Authority）1998, Education for citizenship and the teaching of democracy in schools: Final report of the Advisory Group on Citizenship, 22 September 1998, London.

寺島俊穂（2009）「市民活動とシティズンシップ」『関西大学法学論集』58(6)：1015-1066。

氏井紅葉（2022）「イングランドにおけるシティズンシップ教育の変容：アクティブ・シティズンシップ教育から人格教育へ」『上智教育学研究』35：59-72。

UNESCO（2020）Education for Sustainable Development: A Roadmap.

UNESCO（2021）Reimagining Our Futures Together-A new social contract for education.

第1章 世界のなかの地域，地域からみる世界，そこに生きるわたしたち

　序章でみてきた「持続可能な社会を担う政治的主体としてのアクティブ・シティズンシップ」を，わたしたちが発揮する舞台。それが，わたしたち一人ひとりが暮らす地域であり，世界である。シティズンシップ教育の理念・実践であるパブリック・アチーブメント（PA）では，「公共の理想を政治的に実現していく力」を獲得していくことが重視される（ボイト，2020）が，「公共の理想」は，あなたの知らないところに，またはあなたに関係のないところにあるのではなく，あなた自身が生きる地域と世界の中にある。

　本書ではここから，わたしたちの生きる場としての地域と世界について学び，考えていく。第1章では，あなたが生きる地域と世界を見つめ直し，そうした地域や世界があなた自身とどのようにつながっているのかを考えてみよう。

1．わたしたちが生きる世界

　まずは，世界が今どのような状況にあるのか，統計[1]を参考にしながら，確認していこう。

(1)　人　　口

　2023年現在，世界の総人口は，80億4,500万人とされている（国際連合人口基金（UNFPA），2023）。世界の人口は増え続けている。UNFPAによれば，現在，人口増加の半分を担うのはアフリカやアジアの国々であり，今後はそのランキングが大きく入れ替わるとも推定されている。国ごとにみると，開発途上国の人口は増加する傾向があるが，一方で，日本で少子化が叫ばれているように，先進国では減少する傾向がある。また，世界の人口問題は，単純に「増加」「減少」といった傾向だけでは捉えきれない。UNFPA事務局長のナタリア・カネ

ムは、「問題は、人口が多過ぎるのか、または少な過ぎるのかではありません。問うべきは、望む数の子どもを希望する間隔で産むことができるという基本的人権を、すべての人が行使できているかどうかです。」[2]と、世界の多くの女性が自分の意思で妊娠・出産を選択できていない状況を指摘した。つまり、人口に関する問題について考えていくためには、先進国と開発途上国の社会情勢の違いや、基本的人権のあり方などの諸課題についても、理解しておく必要がある。

(2) 世界の地域区分と国

では、80億4500万人が暮らす世界の地図を見てみよう。

ところで、本書がタイトルに掲げ、全体を通じてみていく「地域」とは、わたしたちの生活圏、いわばローカル・コミュニティとしての「地域」だが（その定義は後ほど詳しく記す）、「地域」という言葉はほかにもさまざまな使われ方をする。一つ目に、世界をいくつかの区域に分類する場合にも使われる[3]。地球上には6つの大陸（アフリカ大陸、ユーラシア大陸、オーストラリア大陸、北アメリカ大陸、南アメリカ大陸）が存在するが、その周辺の島々も含めて地域として区分される。世界の地域区分にはさまざまな考え方や分け方があるが、国連の統計部による区分ではアフリカ、アメリカ、アジア、ヨーロッパ、オセアニアとなっている[4]（図1.1）。

では、この中に、いくつの国があるのだろうか。国家として認められるためには、①永続的住民、②一定の領土、③政府、④他国との関係を取り結ぶ能力（外交能力）といった条件が必要になる（杉原ほか 2003）。①永続的住民とは、定住する住民の存在のことを指す。②一定の領土が存在することも必要である。ちなみに、永続的住民の数や領土の広さは問われない。③政府については、国内秩序を維持するための統治組織があるかどうかがポイントとなる。くわえて、④他国との関係を取り結ぶ能力、つまり、他国から支配されることなく、外交関係を処理できる能力をもっているかが問われる。以上のような条件を満たし、その上で、国際機関や他国からの承認があってはじめて、「国」として

図1.1　世界の地域区分[5]

　成立することができる。2023年現在，日本政府は，日本自らのほかに，195ヵ国を承認している[6]。一方で，国連加盟国数は，これらからバチカン，コソボ，クック，ニウエを除き，北朝鮮を入れた193ヵ国である[7]。なお，国として認めていない場合に「地域」という言葉を用いることもある（たとえば日本政府は，台湾，パレスチナなどを「地域」と呼んでいる）[8]。

　(3)　言　　語

　190を超える国や地域は，それぞれに多様な言語や文化をもっている。母語別の言語人口を見ると，標準中国語が最も多く（9.4億人），スペイン語（4.8億人），英語（3.8億人）と続く[9]。一方，世界で最も多く話されている言語は英語で，母語話者・非母語話者を含めて数えると約15億人にのぼり，世界の主要な共通言語となっている。さらに，世界には，上記に挙げた言語以外にも，実に7,000以上の言語が存在するとされ，こんなにも多くの言語があることに驚くが，その約40％が絶滅の危機にあるともいわれる。グローバル化（後述）によって少数言語使用人口が減少していることが要因であると考えられる。

このように，世界には多くの国が存在し，そこに多様な言語・文化がある。あなたも，その中で，ともに生きる人々の一人である。

2．わたしたちが生きる地域

次に，広い世界の中のひとつの場であるあなたの地域に視点を移してみよう。「あなたの地域」と聞いて，何を思い起こすだろうか。そんなこと考えたこともない，という人もいるかもしれない。まずは自分にとってなじみ深い，日常の風景…月曜から日曜まで，日々の暮らしの中で歩く道，訪れる場所，関わる人を思い浮かべてみよう。そこには，あなたの生活があり，その生活が営まれる空間がある。そして，その空間には，あなたを含めて，多様な人々が暮らしている。本書では，そうしたわたしたちの暮らしの基盤となる場，生活圏としての「地域」に着目する。

「地域」は「国」の中にあり，「国」と「国」の間には国境がある。しかし，国境線のない地図を見てみると，地球上のあらゆる地域や国を含む一つの共同体として「世界」が見えてくる。

それでは，世界が地域にどのように影響を及ぼし，地域が世界にどのように関係しているかを確認し，わたしたちと世界／地域の間に，どのようなつながりがあるのかを考えてみよう。

3．グローバル化と世界・地域

現代社会を表すキーワードの一つが「グローバル化」だ。グローバル化とは「ヒト・モノ・カネ，情報のボーダーレスな動き」がある状況のことをいう（藤原，2012）。ボーダー，つまり国境を越えてこれらがやり取りされる状態は，すでにわたしたちの日常となっている。似たことばに「国際化」があるが，国家という枠組みを前提とし，国同士の交流が想定されている点で，グローバル化とは異なる。「国際化」は「国と地域は権力的な中央と周縁の関係（同上）」にあるととらえる一方で，「グローバル化」においては「国家・地域は水平的な関係（同上）」と考えられる。つまり，グローバル社会においては，国と地

域，地域と地域が，所属する国家にとらわれずに，交流し影響を与え合う。超
国家組織（EUなど）や，地域における世界と直結するような流通や交流人口
の広がりなどが起きている（同上）。

　こうした動きはいつ頃から始まったのだろうか。グローバル化の起源につい
てはいくつかの説があるが，西側諸国（資本主義諸国）内でのグローバル化は
1960年代（東西冷戦下）に顕著となった（西原，2010）。地球全体としてしての
グローバル化は1990年前後だと考えられるが，この時代は，東欧・ソ連崩壊に
よる東西冷戦の終結，インターネットの拡がり，中国の市場経済への参入，EU
の成立といった大きな動きがあった時代である。こうした時代の変遷がグロー
バル化の直近のスタート地点であるとされる（同上）。

　1990年以降，現在に至るまで加速度的に進んだグローバル化だが，その結果
として，現在も世界中で政治・経済・社会・文化の相互浸透・相互依存が進行
している。グローバル化によってわたしたちの暮らす地域にもさまざまな変化
が生まれている。

　たとえば，グローバル化によって，人や企業の移動が容易になったことによ
り，企業は人件費等のコストがより安い地域で生産活動を行うことで，商品を
安価に製造できるようになった。また，輸送技術の向上により，商品を世界の
より広い範囲に届けることが可能となった。生産拠点が置かれる地域では，雇
用が生まれ，経済活動が活性化する可能性がある。一方で，企業がよりコスト
の低い国へ拠点を移すことで，コストが高い国では雇用が失われ，その国の産
業が衰退する可能性もある。グローバル社会では，市場における価格競争が激
化し，貧富の差が拡大することも課題となる。生産活動を行う国や地域では，
生産活動に伴う環境汚染による公害等の影響を被ることがあり，特にその地の
法規制のあり方によっては状況が深刻化する。

　別の視点として，グローバル化による文化への影響について考えてみよう。
たとえば，ファーストフード店は世界中に進出しており，どこへ行っても同じ
ようなハンバーガーを楽しむことができる。地域に新たな食文化が流入するこ
とによって，もともとあった食文化が変容し，さらに新たな食文化が生まれる

こともある。しかし，同時に，地域で受け継がれてきた伝統的な食文化が失われていくことも考えられる。わたしたちが暮らす地域の食文化のあり方は，グローバル化の中でさまざまに変化していく。

では，そうした影響や変化を，わたしたちはどう受け止めればよいのだろうか。グローバル化は，わたしたちの地域での暮らしにさまざまな利益や便益を与える一方で，さまざまな問題も生じさせている。それぞれの地域の利益や問題は，国を越えて互いに影響し合い，また，多くの問題は，国を越えてさまざまな地域に共通して発生している。したがって，わたしたちが地域の課題に向き合う際には，国の枠組みを越え，地域同士で共有し，協力することが必要となる。そして，地域で起きている課題を解決することと，世界の課題を解決することを，つなげながら取り組んでいく必要がある。

グローバル化に伴う問題には地球規模的な対応が求められるが，そうした問題に切実に直面しているのは地域である。地域の実態を把握し，課題を理解することで，地域における解決策を見出すことができる。その解決策は地域によって異なるが，ある地域で取り組まれた事例は，グローバルな連携を通して共有されることにより，他の地域の取り組みにも貢献しうる。

４．あなたと世界のつながり

ここまで世界と地域の関係を見てきたが，世界と地域は，自分自身とはどのように関係しているだろうか。地球規模的な課題と言われると，あまり具体的なイメージが浮かばず，国や政府が解決すべきことのように考える人もいるかもしれない。また，自分が困っていないことに対して何かしなければいけないとは思えないという人もいるかもしれない。

先に挙げた事例のような課題は，わたしたちが生きる世界，そして地域の，現実である。わたしたちの地域の暮らしの中にも，ヒト・モノ・カネ・情報が国境を超えて出入りする日常がある。海外進出する工場も，世界に広がるハンバーガーも，わたしたち自身の暮らしの中にある。他国で生産され全世界に流通している商品は街にあふれているし，みなさんの中にも，実際に持っている

人や楽しんでいる人が多くいるだろう。また，みなさんの中には，SNS 等で
他国の人が発信する動画などの情報を得ている，さらには自分が発信する情報
が世界の人に見られているという人もいるかもしれない。さらに，あなたの周
囲にも，国境を越えて移動してきた人，移動していく人がいるだろう（もしか
したらあなた自身がそうかもしれない）。

　次の Exercise では，自分の身の回りから，あなたと世界のつながりをふり
かえってみよう。

Exercise 1 − 1

わたしの世界地図

世界全体の白地図を用意しよう。

① 身近なものの生産地（国）を調べ，世界地図に書き込もう（10品以上）。
※衣類，日用品，電化製品，食料品など，どんなものでもよい。
② 自分が知っている外国出身者（あなたの出身国・地域以外の人）とその
出身地（国）を，世界地図に書き込もう（10人以上）。
※個人的な友人や知り合いのほか，好きな・気になる有名人などでもよ
い。
③ 自分が行ったことのある外国があれば，その目的（観光，留学，親の仕
事など）を書き込もう。
④ 自分が行ってみたい外国があれば，その理由（○○を見てみたい，○○
を経験したいなど）を書き込もう。

　Exercise 1−1 では，あなたオリジナルの世界地図が完成した。身の回りを
ふり返りながら書いてみてどのような感想を持っただろうか。自分には世界と
のつながりなんてないと思っても，家の中を見渡してみて，意外と多くの外国
からやってきたものに囲まれていることに驚いた人もいるかもしれない。友人
や知り合いにも外国出身者がいることや，自分が関心を持つ有名人が世界中に
いることに改めて気付いたという人もいるだろう。「わたしの世界地図」は，
そうした物や人を通じた，あなたと世界のつながりを表すマップである。

22

　わたしたちの暮らしと世界は，さまざまに関係している。グローバル社会に生きるわたしたちにとって，暮らしの場である地域について考えることは，世界について考えることでもある。たとえ自分自身が外国に移動しなくても，わたしたちの生活には世界が見える。

　次の Exercise では，さらに世界とのつながりについて確認していこう。

　まずは，昨日あなたが食べたものを思い出してみてほしい。その食品が加工された場所だけでなく，原材料が生産された場所はどこだろうか。

　もう一つ，あなたが持っているスマートフォンについても見てみよう。購入や契約は，地域にある携帯電話ショップや家電量販店，またはオンラインショップで行ったかもしれないが，では，そのスマートフォンはどこで作られてショップへ運ばれてきたのだろうか。最終的に組み立てられた場所だけでなく，その中に組み込まれた数々の部品の製造，さらにその部品に使われている原材料の生産にまでさかのぼって，どこからやってきたのかを調べてみよう。

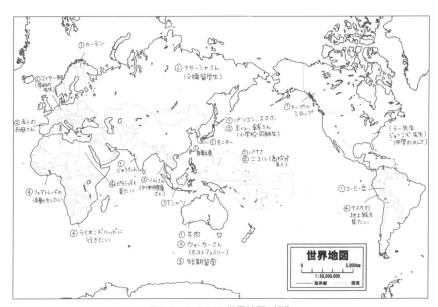

図1.2　わたしの世界地図（例）

Exercise 1 − 2

あなたの身近なものから世界のつながりを見る

〈食べたもののルーツは？〉

① 昨日あなたが食べたものの中から1品選んでみよう。
　　（例：コンビニで購入した総菜パン，自分で作った焼きそばなど）
② 選んだ1品の材料を書き出してみよう
　● 購入したものであれば，材料が記載されている欄を参考にしよう。
　● 手作りのものであれば，材料を思い出そう。
③ それぞれの材料の産地を調べてみよう。
　● わからない場合は，その材料がどこの国から輸入されていることが多いのかを調べよう。
　　（例：醤油に使われる大豆の輸入相手は，第1位アメリカ，第2位ブラジル，第3位カナダ※2022年現在[10]）
④ ③で挙げられた国から日本（または自分の居住国）までの距離を調べよう。

〈スマートフォンのルーツは？〉

① あなたが所有しているスマートフォンを製造した企業（メーカー）と所在国を調べよう。
② スマートフォンを製造した工場がある国を調べよう。
③ スマートフォンに使われる原材料名（鉱物等）を調べよう。
④ ③で書き出した原材料の中から5つ選び，主な産出国を調べよう。
⑤ ④で挙げられた国から日本（または自分の居住国）までの距離を調べよう。

　食べものやスマートフォンのほかに，あなたが持っている電化製品や衣類，文房具など，多くが，世界中のさまざまな地域を経由してあなたのところに運ばれてきている。そうしたものに囲まれるわたしたちの生活は，先に見た産業におけるグローバル化による課題とも密接に関連している。世界の課題はあなたの生活の中にあり，その課題を認識することが世界を知ることにもつながる。

5．わたしたちの責任と役割

　わたしたちはこうした世界の動き，地域の変化と関係しながら生きている。世界と地域，そして一人ひとりの暮らしが深くつながるこの時代に，わたしたちは，多様な人々と関わりあいながら，だれもが暮らしやすい共生社会を目指していかなければならない。共生とは，「民族，言語，宗教，国籍，地域，ジェンダー・セクシュアリティ，世代，病気・障害等をふくむ，さまざまな違いを有する人々が，それぞれの文化やアイデンティティの多元性を互いに認め合い，対等な関係を築きながら，ともに生きること（河森ほか 2016）」である。わたしたちは，世界を共有する多様な，そして異なる他者とともに生きる社会を創造していく必要がある。

　現代社会は，VUCA 時代の中にあるといわれる。VUCA とは，Volatility（変動性），Uncertainty（不確実性），Complexity（複雑性），Ambiguity（曖昧性）の頭文字をとった言葉である。つまり，あいまいで不確実で，複雑さもあり，容易に見通しのつかない状況の中で生きていく時代ということになる。グローバル化の中で，課題が複雑にからみあう時代だからこそ，共生社会を築きながら，世界中の人がともに課題に取り組んでいく必要がある。

　では，そうした取組みは誰が担っていくのだろうか。誰かが動いてくれるのを待てばよいというわけにはいかない。世界の課題，地域の課題，そこに関わる自分の責任と役割を認識したわたしたちが，その担い手となっていくのである。今日のわたしたちのアクションが，世界と地域を創っていくのである。VUCA 時代のグローバル社会の中で，平和で公正な世界を構築していくために，わたしたちにはいったい何ができるだろうか。

　本章では，わたしたちが生きる世界と地域について考えてきた。世界には多様な人々がおり，グローバル化によって世界中の地域と人がつながる時代になっていることを確認した。Exercise では，あなたオリジナルの 「世界地図」を作成し，さらに身近な食べ物やスマートフォンについて調べることによって，

あなたと世界のつながりを見てきた。

　「地域を暮らしやすいものにしていく」「世界をよりよい共同体にしていく」……こう言葉にすると，とても大きなことのようにも感じるが，わたしたち一人ひとりが起こす小さなアクションが，地域に，そして世界に，なんらかの影響を及ぼす。その地域に，そして世界に生きるわたしたち一人ひとりによって，地域も世界も創られていくのである。誰もがより暮らしやすい地域と世界をつくる力を持っている。もちろん，あなたも。

　それでは，そうした力をどのように発揮していけるのかを，次章以降，確認していこう。

✎　注

(1)　総務省がまとめている『世界の統計』では，本章で紹介するデータ以外にも，世界の経済，教育・文化，環境などに関するさまざまな統計データが提供されている。自分の関心のあるデータを探してみよう。

　総務省『世界の統計』，

　https：//www.stat.go.jp/data/sekai/index.htm（最終アクセス 2023年2月2日）。

(2)　UNFPA（2023）「『世界人口白書2023』発表に寄せて―UNFPA 事務局長　ナタリア・カネム」日本語版より，

　https：//tokyo.unfpa.org/ja/news/swop2023_launch_statement（最終アクセス 2023年12月2日）。

(3)　こうした世界区分としての「地域」は，英語では「region」となり，生活圏としての「地域（local community）」とは区別される。

(4)　United Nations Department of Economic and Social Affairs, Statistics Division, *Methodology : Standard country or area codes for statistical use* より（https：//unstats.un.org/unsd/methodology/m49/）.

(5)　地図の図法にはいくつかの種類がある。本章図1.1で使用したものはメルカトル図法であり，角度が正しく表されるが，距離や面積は正確ではないという欠点がある。

　　図1.1では，赤道から離れたヨーロッパや北アメリカの一部が大きく描かれる一方，赤道に近いアフリカなどが実際の面積より小さく示されていることになる。

　　面積を正しく表した図法にモルワイデ図法やピーターズ・マップがある。また，図1.1は日本を中心に置いている。日本中心の地図に見慣れた人には違和感はないだろうが，他国中心だったらどう感じるだろうか。本章掲載の地図以外にもさまざまな図法・位置関係で表された世界地図で，世界を眺めてみてほしい。

(6)　外務省「国・地域」

https：//www.mofa.go.jp/mofaj/area/（最終アクセス 2023年12月 2 日）。

(7) 同上。

(8) 同上。なお，この場合の「地域」は「area」と表される（注(3)参照）。

(9) Ethnologue. What is the most spoken language?,

　　https：//www.ethnologue.com/insights/most-spoken-language/（最終アクセス 2023
年12月 2 日）。

(10) 農林水産省「大豆のホームページ」

　　https：//www.maff.go.jp/j/seisan/ryutu/daizu/index.html（最終アクセス 2023年12月
2 日）。

📖 引用・参考文献

河森正人・栗本英世・志水宏吉編著（2016）『共生学が創る世界』大阪大学出版会，p. 4 。

杉原高嶺・水上千之・臼杵知史・吉井淳・加藤信行・高田映（2003）『現代国際法講義（第
3 版）』有斐閣，p. 37。

西原和久・油井清光（2010）『現代人の社会学・入門：グローバル化時代の生活世界』有
斐閣。

藤原孝章（2012）「グローバリゼーション」日本国際理解教育学会編著『現代国際理解教
育辞典』明石書店，p. 57。

ボイト，ハリー・C. 著，小玉重夫監修，堀本麻由子・平木隆之・古田雄一・藤枝聡監訳
（2020）『民主主義を創り出す：パブリック・アチーブメントの教育』東海大学出版部。

UNFPA（2023）『世界人口白書2023』。

第 2 章　地域について考える
："わたし"の目線から・"多様な人々"の目線から

　前章では，地域と世界に生きるわたしたち一人ひとりの力が，その地域と世界をよりよくしていくことを確認した。そこで，本章では，特にわたしたちの暮らしの場としての「地域」に焦点を当てて，「地域」とは何か，わたしたちにとって「地域」はどのような意味をもつのか，を考えてみよう。

　まず，あなたは，自分が暮らす「地域」に関心を持っているだろうか？

　もしかして，あなたは普段から，美味しいラーメン屋，安いスーパー，おしゃれなカフェ，腕のよい歯医者といった地域情報に敏感かもしれない。または，地域の祭りや自治会活動に積極的に参加しているかもしれない。

　いやいや，そんなことはない，地域には特に興味がないし，地域にどんな店があるのか，どんな活動があるのか，ほとんど知らない，というかもしれない。地域のことなど，ことさら意識せずに毎日の暮らしを送っている，という人のほうが，むしろ多いだろうか。特に，学校や職場で過ごす時間が長く屋外に出るのは移動だけだったり，学業や仕事，買い物や人付き合いもほぼオンラインで自宅から外に出ないという毎日だったりすれば，地域と自分にはなんら関係がないように感じるかもしれない。

　「地域」に対する関心や想いは人それぞれだ。しかし，どのような人であっても，わたしたちは誰もが，地球上の，世界の中の，どこかの「地域」に暮らしている。

1．"わたし"と地域

　ここで，"わたし"と地域のつながりをふりかえってみよう。

Exercise 2 - 1

"わたし" と地域マップ

① 「7～9歳くらいのころの日常的な生活圏」をマップに描いてみよう。
さらにその中に，当時の自分と関わりのあった「地域のひと・もの・こと」を書き込もう（図2.1）。

② 別の紙に，「現在の日常的な生活圏」をマップに描いてみよう。その中に，現在の自分と関わりのある「地域のひと・もの・こと」を書き出してみよう（図2.2）。

③ ①と②のマップを見比べて，「自分と地域の関係は，どのように変化したか」を考えてみよう。

④ それぞれが描いたマップ①②や③の変化を他の人と紹介しあおう。

※「日常的な生活圏」というのは，ほぼ毎週訪れる場所が含まれる範囲。月に一度，年に一度といった頻度で訪れる場所は含まなくてよい。

※「ひと」とは，たとえば「友だち，その家族，近所のおとな，学校や習い事の先生・コーチ，通学路の見守りボランティア，公共施設の職員」など。「もの」は，「学校・公園・児童館・公民館・図書館などの公共施設，横断歩道・歩道橋・信号・外灯などの公共設備」など。「こと」は，「日常的な遊び，習い事，子ども会・自治会行事，祭り等の地域行事」など。

※道や位置関係が正確である必要はなく，あくまで自分の記憶の中の「地域」を表せばよい。

※自宅と学校・大学，職場，その他の活動で日常的に訪れる場所が異なる地域に分散する場合は，紙を分割して，それぞれのマップを描いてみよう。

「7～9歳くらいのころ」というのは，日本に暮らす多くの人にとって，大人の手を離れ，自分で行動する機会が増える時期だ。多くの場合，まだそれほど広くない，限られた範囲で暮らしを完結しているころでもある。（ただし，国内でも地域によって，さらに海外では多くの場合，子どもの一人歩きは一般的でないなど，状況が異なる。その違いを話し合い認識することも大切だ。）当時の自分の暮らしをふりかえると，友達の家族や近所の住民など，さまざまな人に守られながら，公園や児童館といったさまざまな公共施設を活用しながら，地域の

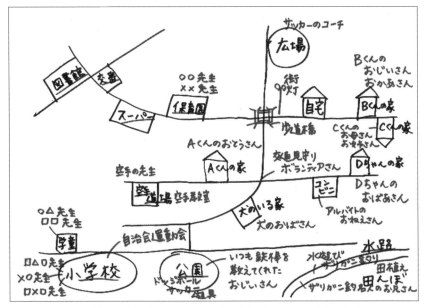

図2.1　「7～9歳くらいのころの日常的な生活圏のマップ（①）」の例

なかで遊び，学んでいたことを思い起こす人もいるだろう。

　一方，「現在」は，より広い範囲で，複数の離れた地域を電車やバス，車などで行き来しながら暮らしているという人も多いだろう。小学校低学年のころから同じ地域の中の同じ家に暮らしているという場合も，そのころと現在の「生活圏」に登場する「訪れる場所」や「もの・こと・ひと」には違いがあるはずだ。実家を離れて現在の地域に暮らすようになったという人は，自宅と通学先とコンビニくらいしか描く場所がない，関わる「ひと・もの・こと」はほとんど思い浮かばないという人もいるかもしれない。そのような場合も，日々，コンビニの店員と接し，地域の道路を通り，信号機や街灯を使っているのではないだろうか。毎週，出したごみを回収してくれる人もいるだろう。郵便や宅配便の配達もあるかもしれない。床屋や診療所，銀行，食堂といった場所に行くこともあるかもしれない。時には，道端の花壇や猫に癒されたり，近くの公園で運動したりしているということもないだろうか。毎日の，朝起きてから夜寝

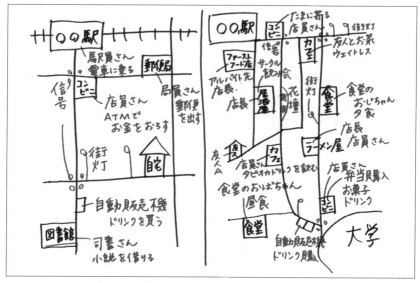

図2.2 「現在の日常的な生活圏のマップ（②）」の例

るまでの生活をふりかえって，登場するすべての「ひと・もの・こと」を描き
だしてみよう。

　そのうえで，2つのマップを比べると，どんな変化に気がつくだろうか。例
えば，活動範囲が広がった一方で，地域の「ひと・もの・こと」との関わりが
少なくなった，という人が多くいるかもしれない。または，現在の暮らしの中
では，より積極的に地域の活動に参加している，という人もいるかもしれない。
住居と通学先・通勤先といった複数の地域との関係を深めている，という人も
いるだろう。

　このようにマップを通じて“わたし”と地域とのつながりをふりかえる中で，
2つのことが浮かび上がる。一つは，わたしたち一人ひとりの地域への関心や
関わり方はさまざまだが，それにかかわらず，わたしたちの暮らしは，なんら
かのかたちで地域のさまざまな「ひと」や「もの」に支えられている，という
ことである。たとえほとんど自宅から外に出ない暮らしを送っていたとしても，
たとえば電気や水道を管理し届ける「ひと」，食べ物や衣服などをつくり売り

届ける「ひと」，出すごみを回収し処理する「ひと」の支えがある。外に一歩出れば，少なくとも道路や信号機・街灯など，地域のなかで「ひと」が設置し管理している「もの」を使うことになる。

　2つ目は，地域との関わりは，人生の段階によって大きく変化していく，ということである。子どものころの自分と現在の自分では，訪れる場所，関わる「もの」「ひと」，やる「こと」が変わっているように，就職したり，結婚したり，子どもを産み育てたり，高齢になったり，病気になったり，障害を負ったり，経済的に困難に陥ったり，時には他の地域へ引っ越したりと，人生の中で状況が変化するたびに，自分と地域との関わり方は大きく変化していくのである。

2．地域の暮らしを支える三つの「助」

　わたしたちの暮らしは，なんらかのかたちで，地域のさまざまな「ひと」や「もの」に支えられていることを確認した。地域に暮らす多様な人々は，互いに関わりあい，支えあいながら，地域に暮らしの基盤をともに築く関係にある。ここでは，「三つの『助』（三助）」という考え方から，地域におけるこの関係性を考えてみたい。

　「自助・共助・公助」から成る，いわゆる「三助」の考え方は，1994年に発表された『21世紀福祉ビジョン〜少子・高齢社会に向けて〜』[1]が「個人の尊厳に立脚しつつ，家族，地域組織，企業，国，地方公共団体等社会全体で支える自助，共助，公助のシステムが適切に組み合わされた重層的な福祉構造」の必要性を論じ，2012年に成立した社会保障制度改革推進法の第二条には「自助，共助及び公助が最も適切に組み合わされるよう留意し」と記されるなど，社会保障分野で注目されてきた。いっぽう，災害対策の分野でも，2000年ごろから，「行政による災害対策」としての「公助」の充実にくわえて，「国民一人一人や企業等が自ら取り組む」ことをいう「自助」，「地域の人々や企業，団体が力を合わせて助け合う」ことを意味する「共助」の取り組みと，それらの連携の重要性がいわれてきた[2]。「自助・共助・公助」のそれぞれが意味する内実や，

その組み合わせに関する考え方については，社会保障分野ではその後「互助」を含む「四助」が提唱される[3]など，政府内でも学術的にも定義や解釈が統一化されていない（二木 2021）[4]が，こうした経緯を踏まえつつ，ここでは「三助」を下記のとおり広くとらえる。

> 地域の暮らしを支える三つの "助"
> ・自助：自らの暮らしづくり
> ・共助：人々の支えあい
> ・公助：行政を通じた公的な支え

　この「三助」を，ある実際の出来事に基づくエピソードを用いて具体的に整理してみよう。

> 　ある日，大学生の A さんは，多くの車が行きかう道路脇を歩いていた。すると，5 歳くらいの子どもが一人で歩いている。A さんが「危ないよ。どこへ行くの？」と声をかけると，その子どもは「僕の家はこっち。」と言いながら，横断歩道を渡り，小高い山につながる登山道に入っていった。A さんは心配になり後を着いていったが，途中でここには家はないと判断し，子どもと一緒に山を下った。そのとき，行方不明の子どもを探す防災無線が聞こえたため，慌てて警察署に電話し，子どもは保護された。その子どもは，1 km 近く離れた駅前のスーパーで母親と買い物をしていた際に見つからなくなり，母親が警察に通報して，行方を捜していたところだった。

　まず，このエピソードの中で「自助」にあたるのは，「母親が行方不明になった子どもを自ら探し，しかし見つからず，警察に通報した」というところであろう。1 km も移動して思いもよらない場所にいた子どもを探し出すのは，どんな母親であっても（あるいは他の家族がくわわったとしても）ほぼ不可能だ。そこで，母親は「公助」を担う警察に助けを求めた。しかし警察にとっても，

一人の子どもを探し出すのは至難の業だ。仮に何千人という警察官が子どもの捜索に動員されれば，市内を隈なく探し回ることもできるかもしれないが，警察官の数は全国でも26万人ほどである（2023年現在）。税金をもとに限られた予算の中で運営される「公助」には限界があり，ここでは「防災無線を通じて子どもの保護を呼び掛ける」という仕組みが用いられた。こうした「自助」と「公助」の限界が，「道端でたまたま子どもを見かけた A さんが，声をかけ，後を着いていき，防災無線を聞いて通報したこと」，つまり「共助」の取り組みによって乗り越えられたのである。子どもが，交通事故にあったり，山道で遭難したりと，深刻な事態に陥る可能性もあった状況が，偶然通りかかった大学生 A さんが関わることで，解決されたのだ。

　同じように，先述の災害対策においては，災害時に備えて食料などを備蓄したり，自宅を耐震化したり，自分や家族の避難方法を計画したりする各人の「自助」，防災マニュアルやハザードマップを作製したり，避難所を指定・整備したり，災害時に必要な資機材を整備したり，災害発生時に避難勧告，避難所設営・運営，被災者救助などを行ったりする行政の「公助」だけではたちゆかない。地域内で普段から近隣住民間のつながりをつくったり，防災訓練を行ったり，災害後にも怪我人や高齢者・障害者・子どもなどを中心に互いに助け合ったりする「共助」が不可欠だ。このように，地域の中に発生する問題の中には，「自助」や「公助」だけでは解決できないものが多々あり，人々の助け合いによる「共助」こそが，わたしたちの「生活の基盤」を支えているのである

　では，この「共助」を実現するのはどのような人々なのだろうか。まず，さまざまな地域課題の領域で，「共助」の仕組みに主体的に参画する人々がいる。たとえば災害対策であれば，前述のような「地域内で住民間のつながりをつくる」ための取り組みを考え実行している人々が，すでにあなたの地域にもいるかもしれない。一方，エピソードに登場した A さんは，そのように計画的に取り組んだわけではない。ある日，道端で迷子の子どもと出会ったという偶然のなかで行動したことが「共助」の実現につながった。つまり，わたしたちは誰もが，意識的であろうとなかろうと，そこにいるだけで，「共助」に貢献し，

互いの暮らしの基盤を支えあう力を，常に持っているのである。

Exercise 2 - 2

わたしの周りの「共助」

Exercise 2 - 1で描いたマップの特に「ひと」に着目しながら，これまでに自分が経験したことのある，地域の中の「人々の支え合い・助け合い」を思い起こしてみよう。自身が助けられた経験，自身が助けた経験，どちらでもかまわない。

例：登下校時に見守ってもらった・見守った／落とし物を拾った・拾われた／道を尋ねた・尋ねられた／子ども会の行事に参加した・運営を手伝った／自治会の避難訓練に参加した・運営を手伝った，等

3．地域に暮らす"多様な人々"

　先に，地域との関わりは，人生の段階によって大きく変化していく，ということを確認した。ここで，それぞれの人生の段階におけるあなたにとっての「暮らしやすい地域」とはどのような地域か，考えてみよう。

Exercise 2 - 3

自分にとっての「暮らしやすい地域」

以下の問いについて，自分の考えを書き出してみよう。また，それを他の人と共有し，話し合ってみよう。

① 子どものころの自分にとっての「暮らしやすい地域」とはどのような地域だろうか？
② 現在の自分にとっての「暮らしやすい地域」とはどのような地域だろうか？
③ 子どものころの自分・現在の自分にとっての「暮らしやすい地域」には，どのような共通点・異なる点があるだろうか？

※実際に自分が暮らしていた・暮らしている地域のよい点でも，そこには無かった・無いが，あったらよかったと感じる点でも，どちらでも構わない。

　さて，子どものころの自分と現在の自分にとっての「暮らしやすい地域」は，どのような点が共通し，どのような点が異なるだろうか。

　たとえば，移動・交通の安全と便利さは，子どものころの自分にとっても，現在の自分にとっても，共通して大切な要素かもしれない。しかし，より具体的に必要だと考えられることを挙げるとどうだろうか。子どもの自分にとっては，特に登下校時や放課後，徒歩や自転車で安全に移動できる道や環境が重視されるかもしれない。そのために，交通量の多い地点での大人の見守りや，場合によっては車両の通行制限なども考えられる。いっぽう，現在の自分にとっては，より広い範囲で移動する交通の便が重要だとすれば，鉄道の駅やバスなど，公共交通機関の発達が重視されるかもしれないし，夜間の帰宅が多ければ街灯の整備，自転車で通学・通勤していれば速く安全に移動できる自転車道の設置，自動車を運転する場合はその視点から安心して渋滞なく通行できる道路設計などが重視されるかもしれない。

　また，地域の中に遊びや娯楽の機会があることも，子どもの自分にとっても現在の自分にとっても大切だろう。しかし，子どものころの自分が求める遊び場と，現在の自分が求める遊び場には違いがある。子どもの立場からは，遊具があったりボール遊びができたりする公園や，身近な自然環境，児童館など子どもが無料で自由に出入りできる居場所が求められるかもしれない。いっぽう，若者や大人の立場からは，ランニングコースやフィットネス施設のある公園や，映画館，カラオケ，パチンコ，ショッピングモールなどの娯楽・商業施設，カフェや飲み屋など飲食ができる居場所が必要だと考えるかもしれない。

　人生を通じて地域との関わり方が変わっていくということは，当然，あらゆる人に起きる。そして，7〜9歳くらいの子どもは，あなたの暮らすその地域に，たった今も，いる。あなたの周囲には，生まれたばかりの乳児，就職したての若者，子育て中の親，お年寄り，ほかにも人生の多様な段階にある人々が生きている。また，障害をもつひと，病気のあるひと，他から移り住んできたばかりのひと，外国から来たひと，経済的に困難を抱えているひとなど，多様な状況にある人々が暮らしている。多様なひとが，多様な暮らしを営む場，そ

れが地域であり，そうした多様な人々が「暮らしやすい地域」を考える際，それぞれが重視する点はさまざまなのである。それではここで，自分とは異なる多様な「立場」から，「暮らしやすい地域」を考えてみよう。

Exercise 2 − 4

多様な人々の立場からみた「暮らしやすい地域」

「暮らしやすい地域」とはどのような地域か，「テーマ」を設定したうえで，多様な「立場」から考えてみよう。可能であれば，そうした「立場」の人にインタビューしたり，自分がその「立場」の人の視点を持って地域を歩いたりしてみよう。また，それを他の人と共有し，話し合ってみよう。

テーマ例：移動・交通／治安／遊び・娯楽／防災／買い物・飲食／住居など
立場の例：乳幼児の親／子ども／高齢者／障害（視覚障害・聴覚障害・肢体不自由・知的障害・発達障害・精神障害など）のある人／外国から来た人など

たとえば，「移動・交通」をテーマに考えると，足腰の弱った高齢者の立場からは歩行途中に休むためのベンチや地域の中を循環するコミュニティバス，乳幼児を育てている親からはベビーカーが通行しやすい歩道やエレベーター，視覚障害を持つ人は点字ブロック（視覚障碍者誘導用ブロック）や音によるサインなどが挙げられるかもしれない。

このように，地域に暮らす多様な人々は，地域に対して，それぞれの人生の段階や状況に応じた多様なニーズを持っている。

4．「公共性」に基づく地域づくり

多様な人々が，多様なニーズを持ちつつ，互いに関わり合い支え合いながら暮らしの基盤を築いている地域において，課題を乗り越え，よりよい地域をつくっていくためには，「公共性」の観点が重要となる。

「公共性」とは，政治学，社会学，経済学等の領域においてさまざまに議論・

定義され，また日常生活上のなかでも多義的に理解されている概念だが，ここでは，本書の背景にある「パブリック・アチーブメント（PA）」の視野から理解しておきたい。直訳すると「公共・公衆の達成・成就」となる PA では，「多様な人々（公衆としてのパブリック）」が，「あらゆる人に開かれた（公共的・パブリックな）かたち」で，「人々に共通の（公共的・パブリックな）課題・目的」に向けてともに働くなかで，「パブリックな（公共の）世界を造る共同創造者」としての力を育てることが目指される（ボイト 2020：6‒7，古田 2020：xviii）。つまり，PA は，「多様な人々」が「開かれたかたち」で「共通の課題・目的」に対してともに行動するという意味での「公共性」を基礎とする。

　地域に暮らす一人ひとりが多様な状況やニーズを抱えているなかで，特定の人々だけの中で「暮らしやすい地域」を議論し実現しようとすれば，多くの人々のニーズが取り残されてしまう。たとえば高齢男性ばかりの会合で地域の課題を議論すれば，子どもや子育て世代，若者や女性のニーズは取り上げられにくい。また，既存の議会や行政といった仕組みは，公共性にもとづく地域づくりを目指す一つの方法ではあるが，人員，財源，ルール等の制約の中で，実現できることは限られる。いっぽう，PA では，「市民が共通の世界に適合する投票者やボランティア，あるいはその世界に反対する抗議者にとどまらず，パブリックな世界を造る共同創造者であるという，市民性へのアプローチ」が重視され，わたしたち一人ひとりがそれぞれの関心や問題意識から，よりよい地域づくりに参画していくことで，多様な人々にとっての「暮らしやすい地域」をともに創造していくことが目指される。

　こうした PA の「公共性」に基づく取り組みにおいて，重要な役割を果たすのが「人々が，対面で出会い，自分たちを組織化し，アイデアを話し合い，知的な創造やアイデアを発展させ，そして関係構築のスキルを学べる環境」としての「フリー・スペース（自由な空間）」（ボイト 2020：75）だ。PA では，人々がこうした「空間」に集い，各人がそれぞれ持つ経験や関心を出発点に，お互いの間に対等な関係性を築きながら，共通の課題や目的を見出し，具体的に行動するなかで，「共同創造者」としての市民の力を育んでいく。

　地域に関わる多様な人々が，誰もが対等に参画できる「フリー・スペース」としての場に集い，各人の多様な状況とニーズに基づくアイデアを分かち合い，多様な立場や価値観を擦り合わせながら，地域の現状やそれを踏まえた地域づくりの方向性を共通の課題・目的として共有し，ともに行動していく。そうした「公共性」に基づく地域づくりが，求められている。

　わたしたちは，誰もが，ある地域の中に暮らしている。自らが暮らす地域に対する関心や想い，関わり方は人それぞれだが，それにかかわらず，わたしたちの暮らしは，なんらかのかたちで地域のさまざまな「ひと」や「こと」に支えられて成立している。さらに，わたしたちは誰もが，意識的であろうとなかろうと，なんらかのかたちで誰かの暮らしを支えている。つまり地域には，互いの暮らしの基盤を支え合う人々の関係があり，あなたもそこになんらかのかたちでくわわっている。

　また，地域には，自分を含め，さまざまな人生の段階や，多様な状況にある人々が暮らしている。そうした人々のそれぞれが描く「暮らしやすい地域」の姿は多様であり，皆にとっての「暮らしやすい地域」を目指すためには，「公共性」の観点に立った地域づくりが求められる。「多様な人々」が「開かれたかたち」で「共通の課題・目的」に対してともに行動するという意味での「公共性」に基づく地域づくりを，誰もが対等に参画し，それぞれの状況やニーズ，アイデアを分かち合える「フリー・スペース」を通じて，立場や価値観の違いを乗り越え，ともに進めていく必要がある。

　わたしたちは，誰もが，暮らしの基盤を支え合う地域の一人として，そして皆にとって暮らしやすい地域を公共性の観点に立ってともに創る一人として，生きているのである。

~~~~~~~~~~~~~~~~ **Exercise 2 − 5** ~~~~~~~~~~~~~~~~

わたしのまわりの「フリー・スペース」

あなたの暮らす地域や，所属する組織の中には，「人々が，対面で出会い，自分たちを組織化し，アイデアを話し合い，知的な創造やアイデアを発展させ，関係構築のスキルを学べる環境」としての「フリー・スペース」がすでにあるだろうか。

- ・　「フリー・スペース」だと考えられる場がすでにある場合は，その設置者，参加者，特徴を調べたり，自分が参加して感想をまとめたりして，他の人に紹介してみよう。
- ・　「フリー・スペース」だと考えられる場がない場合は，どのような場があれば，自分を含む多様な人が参加し，ニーズやアイデアを話し合うことができるか考え，提案してみよう。

✎ 注
(1) 厚生労働大臣の諮問機関「高齢社会福祉ビジョン懇談会」がとりまとめた報告書。
(2) 内閣府『平成20年度防災白書』より。
(3) 2009年（平成22年）の『地域包括ケア研究会　報告書』（地域包括ケア研究会，三菱UFJリサーチ＆コンサルティング）では「介護保険サービスや医療保険サービス」から成る「共助」，「住民主体のサービスやボランティア活動」としての「互助」と記載され，「共助」はシステムとして確立した仕組み，「互助」は自発性に基づく助け合いとして区別された。これを受けて，社会保障分野では「四助」の考え方が広く用いられるようになっている。
(4) 三助（または四助）の考え方には，いくつか注意が必要な論点がある。一つは，「自助」「共助」にどこまで「家族」の間の助け合いを含むかという点だ。またそれと関連して，三助（四助）の推奨が，多様な状況を無視して「自立」や「家族の支え」を強要することにつながりかねないという指摘もされてきている。こうした点における解釈が，政府内でも確立されておらず，混乱をもたらすことから，三助（四助）の概念は用いるべきではないという主張もある（二木 2021）。

📖 引用・参考文献

ボイト，ハリー・C. 著，小玉重夫監修，堀本麻由子・平木隆之・古田雄一・藤枝聡監訳（2020）『民主主義を創り出す―パブリック・アチーブメントの教育』東海大学出版部。

二木立（2021）「『自助・共助・公助』という分け方は適切なのか？—三助の変遷をたどって考える」『社会運動』442：71-75。

古田雄一（2020）「訳者解説：パブリック・アチーブメントの鍵概念の理解のために」ボイト，ハリー・C. 著，小玉重夫監修，堀本麻由子・平木隆之・古田雄一・藤枝聡監訳（2020）『民主主義を創り出す—パブリック・アチーブメントの教育』東海大学出版部，pp. xvii–xix。

第**3**章 世界について考える
：○○から見る世界とわたし

　前章では，暮らしの場としての「地域」に焦点を当てた。次に本章では，そうした地域が内包される「世界」を視野に入れ，世界と地域，そして自分がどのようにつながっているのか確認していこう。

　世界と自分とのつながりと言われても，海外で暮らした経験もないし，海外旅行の経験も予定もないという人も多くいるだろう。しかし，世界とのつながりは，外国に行かず，日本の中に暮らしているだけでも，誰しもが持っている。第1章でもみたように，グローバル化によって，わたしたちの世界では，「ヒト・モノ・カネ・情報」が垣根なく自由に行き来するようになり，わたしたちの生活もその中にある。

　それでは，あなたが世界とどのようにつながっているのか，さらに深く考えてみよう。

1．○○から見る世界とわたし

　本章のタイトル「○○からみる世界とわたし」の○○には，さまざまなテーマを入れることができる。あなたが関心のあることやあなたにとって身近なものをこの○○に入れてみることで，世界とあなたのつながりを，自分自身の関心から考えることができる。

　第1章のExercise 1−1で作成した「わたしの世界地図」では，あなたの身近にある人や物を書き出した。Exercise 1−2では，自分が食べているものやスマートフォンについて，原材料までさかのぼり，原産国と自分の距離を調べた。そこから，自分と多様な国とのつながりが見えてきたはずだ。ここではさらに深く，ただつながりがあるということだけではなく，そうしたつながりの背景を考え，つながりの先にある状況について掘り下げて考えてみたい。自分

が持っている「もの」，または自分が知っている「ひと」を通じて，あなたと世界はどのように関わっているのか。本節では，ファッションと人の移動をテーマにして見ていこう。

(1) 「ファッション」から見る世界とわたし

あなたは，ファッションに関心があるだろうか。あまり関心がないという人もいるだろうが，わたしたちは誰もが，毎日，なんらかの衣服を着て生活している。日本には四季があり，気温の変化に合わせて季節ごとに衣服を買い替えることもあるだろう。ここでは，そうした身近な衣服・ファッションを入口にして，世界と自分のつながりについて考えてみよう。

Exercise 1-1で作成した「わたしの世界地図」の「②身近なものの生産地（国）を調べ，地図に書き込もう」を見返してみよう。その中に，衣服は書き込まれているだろうか。なければ，いま着ている服，またはクローゼットの中の服の表示を確認してみよう。国産の衣服を選ぶことを特別に意識している人でなければ，それらの多くが外国でつくられたものだろう。それでは，その衣服がどのように作られたか，捨てた衣服がどこに行くか，考えたことはあるだろうか。服を着るというのは，わたしたちにとって当たり前の日常的な行為であるからこそ，あらためて立ち止まって，世界の状況の中にあるわたしたちのファッションについて見直してみたい。

まずは，ファッションを取り巻く世界の課題を確認してみよう。ファッション業界は華やかな一面を持ちながら，他方で多くの課題を抱えていると言われる。「生産・消費・廃棄」の過程を追って，見ていこう。

1) 生 産

まず，生産における課題には何があるだろうか。たとえば，主要な原材料のひとつ，綿花の生産には大量の水が必要で，また大量生産のために使用される農薬や化学肥料によって，産地の土壌や水質汚染が進んでいることが指摘されている。さらに，綿花を含む原材料から衣服を生産する過程においても，大量

の水やエネルギーを必要とする。化石燃料によってつくられた電気を使用する場合には，温室効果ガスの排出にもつながってしまう。

　グローバル化に伴い，衣服も，グローバルに展開するアパレル企業が，製造拠点から世界各地へ商品を輸送するようになっている。そうした輸送に伴う，化石資源消費，環境汚染，温室効果ガス排出についても考える必要がある。

　環境への問題だけではない。誰がどのように生産に携わっているかについても考えなければならない。2013年，バングラデシュで発生したビル崩壊事件「ラナ・プラザの悲劇」[1]は，生産過程における深刻な課題を浮き彫りにした。ラナ・プラザとは，大手アパレル企業の工場が入っていたビルである。違法な増築によるビル倒壊の危険性が警告されていたが，工場の管理者はこうした警告を無視した。その結果，ある日実際に崩壊が起き，従業員の多くが犠牲になった。この事件は，ファッション業界を支える製造現場の劣悪な労働環境を明らかにし，世界中に衝撃を与えた。世界中で流通している衣類が，実はこうした労働者の搾取のもとに生産されていることが認識されるようになった。

2）消　　費

　次に，わたしたち自身による消費の現場には，どのような課題があるだろうか。現代のファッション業界の大部分は，「大量生産・大量消費」の構造のもとにある。流行の短いサイクルが回る中で，激しい競争により衣服の低価格化が進むことは，わたしたち消費者にとっては，衣服を安価に気軽に買えることを意味し，喜ばしい状況かもしれない。しかし，そうした構造の中で，わたしたちの多くが，季節ごとに衣服を買い，飽きれば捨てることを当たり前に繰り返しており，それは上記の生産過程に伴うさまざまな課題をより深刻化させることにつながる。環境省の調査によれば，国内では，一人当たり一年間に平均して18枚の衣服を購入し，15枚の衣服を手放し，一年に一度も着用しない衣服を35枚所有しているという（2022年度調査）[2]。

　また，近年注目されるようになった，海洋のプラスチック汚染にも，衣服が関わる。わたしたちが化学繊維の衣服を洗濯すると，細かな繊維が排水ととも

に流出し，海洋にたどり着く。それらは，長期にわたってマイクロプラスチックとして海洋を漂い，時に魚などの生物がそれを摂取し，人間がそれを食べることで身体の中に取り込んでいる。

3）廃　棄

　生産・消費の後の過程は，廃棄である。あなたが捨てた衣服が，どのように廃棄され，処理されていくのか，考えたことがあるだろうか。環境省の報告によると，国内で廃棄・回収される衣服のうち，衣服として再度利用（リユース）されるのが19％，資源としてリサイクルされるのが15％，残りの66％が焼却・埋め立てにより処分されている[3]。日本国内で1日あたりに焼却・埋め立てされる衣類の総量は，1,200トンにものぼる[4]。さらに，上記のリユースの中には，海外へ輸出されるものも含まれ，輸出先での廃棄処分にもつながる。大量の衣類が焼却されたり，埋め立てられたりする過程では，大気や海洋，土壌への汚染が発生する。また，海外への古着輸出は，現地産業の発展を阻害することもある。

　このように，わたしたちは，ファッションを楽しんだ後の，廃棄・処分という過程にも，配慮をしなければならないことがわかる。

　ここまで指摘してきた課題はほんの一例である。服一着をとってみても，「生産・消費・廃棄」において多くの課題が指摘されている。こういった課題に対して，どのような取り組みがあるだろうか。近年注目されているいくつかの取り組みを紹介しよう。

　近年，サステナブル・ファッション，またはエシカル・ファッションという，ファッションに対する考え方，新しい楽しみ方が注目されている。サステナブルは「持続可能な」[5]，エシカルは「倫理的」という意味である。グローバル社会において，衣類の多くが，世界に分散する生産拠点で製造され，世界各地の消費者に届けられることから，製造や廃棄の過程に生じる環境や社会，労働者への影響を認識しにくい。このことから，環境や社会に配慮をした生産に，

企業が積極的に取り組むこと，環境や社会に配慮した衣服の選び方・楽しみ方を消費者が取り入れることが提唱されている。

Exercise 3 − 1

わたしの知っているファッションブランドの取組み

　近年，サステナブル・ファッションやエシカル・ファッションの取組みが，世界中で進みつつある。日本でも多くの企業・団体がこの動きに呼応し，さまざまな取組みをしている。

　あなたが好きなファッションブランド，あるいは知っているファッションブランドでは，どのような取組みがなされているだろうか。「サステナブル」「エシカル」をキーワードに調べてみよう。

　多くの衣類を輸入に頼っているわたしたちは，世界のファッションの課題と切っても切れない関係にある。何気なく選んで購入した服を消費し，廃棄することが，世界のどこかの地域の環境を破壊したり，生産ラインで働く誰かの生活を犠牲にしたりすることにつながってしまう。わたしたちの日常は，ファッションを通じて，世界とつながっているのである。わたしたちが，「サステナブル」「エシカル」を意識して，よりよい選択をしながらファッションを楽しむことが，地球環境や労働者の人権を守ることにつながるのだ。

⑵　「人の移動」から見る世界とわたし

　Exercise 1 − 1 で作成したあなたの世界地図をもう一度見てみよう。「自分が知っている外国出身者」としてどんな人がいただろうか。ここでは，その中でも，外国から日本に来て暮らしている人に注目してみよう。こうした，自分の国を離れ別の国で生活していく人たちのことを，世界では移民と呼んでいる。2022年の IOM（国際移住機関）による報告書（IOM, 2021）では，世界中の移民は 2 億8,100万人にのぼる。新型コロナウイルス感染症の流行による行動制限などがあったにもかかわらず，移民は前回調査の2019年から増加している。移民の事情はさまざまである。その背景には，一つに労働市場の需要や世界で

の経済格差がある。その結果，母国に比べよりよい経済的機会を求めて移動を希望する人々が移民になる。他にも，国際結婚等による家族の統合や，教育機会を求めての移動といった，個人的事情もある。また，国・地域の事情の中で，政治的・社会的理由で移動を余儀なくされるというケースもある。

　こうした国を越えた人の移動について，日本ではどのような状況になっているだろうか。外務省が，毎年在留外国人数の統計を公表している。在留外国人とは，日本に中長期在留する外国人と特別永住者[6]のことである。中長期の在留とは90日以上日本に滞在することを指し，それよりも短期で訪れる外国人旅行客は含まれない。仕事や留学，結婚等のため，日本に暮らしている人々ということになる。図3.1と3.2に，2022年の公表データを示す。

　中国，ベトナム，韓国，フィリピンといった国々が並び，アジアから来た人が多いことがわかる。毎年の傾向を見ると，2020〜2022年（令和2〜3年）は新型コロナウイルス感染症流行拡大により減少したものの，全体的には増加傾向にあり，日本の人口の約40人に一人が在留外国人だ。

　あなたの住んでいる地域には，どのような在留外国人が暮らしているだろう。自分自身や自分の家族がそうだという人もいるかもしれない。または，身近な友達やその家族に外国から来た人がいる，という人もいるだろう。さらに，例えば，近隣の住民，自分の学校・大学の留学生や教員，よく行くスーパーやコンビニの店員といったように，外国から来た人々を見かける機会は，きっとほとんどの人が経験しているのではないだろうか。中には，そういった人たちと交流があるという読者もいるかもしれない。グローバル化する世界において，わたしたちの地域にも，さまざまな外国から移り住んできた人がともに暮らしている。

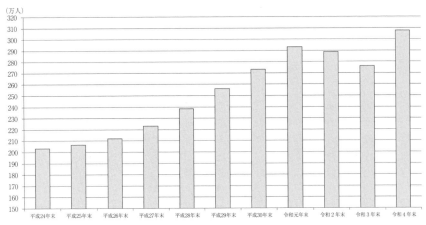

図3.1　留外国人数の推移（総数）

出典：法務省（2023）

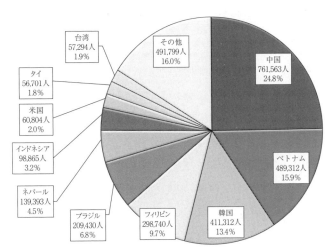

図3.2　国籍・地域別　在留外国人の構成比

出典：法務省（2023）[7]

Exercise 3 - 2

外国から来た人に聞いてみよう

(1) あなたの地域にはどこの国から来た人がどれくらい住んでいるだろうか。自治体のホームページを検索して、国名や在留外国人数を確認してみよう。

(2) あなたの身近にいる外国から来た人にインタビューをしてみよう。あなた自身が外国出身者の場合、ぜひあなたの出身国以外の人にも聞いてみよう。インタビュー項目は以下を参考にしてみよう。

　　① 日本に来た理由
　　② 日本に来た時期・日本に暮らしている期間
　　③ 日本に来て困った経験（具体的に）

(3) ②のインタビュー結果をふまえて、在留外国人が抱える課題について調べてみよう。

　外国から来た人々が増えるにつれて、社会にはさまざまな課題も生じてくる。日本でも、外国人を受け入れる立場から、対応を検討していく必要がある。たとえば、外国人ということを理由に入居や就職を断ったり、同じ仕事をしていても賃金を低く設定したりといったことが起きている[8]。また、技能実習生制度を使った外国人の受け入れについて、本来の目的とは異なる労働不足解消の手段となっているにもかかわらず、適切な労働条件ではないといった問題が指摘されている[9]。外国から来た人たちが、不平等な労働条件を適用されていないか、日々の暮らしの中で異なる文化・言語等を持つことを理由に不当な扱いを受けていないかを確認しながら、人権を尊重し、ともに暮らしていくことが求められる。

　外国人の中でも、特に子どもの人権としての、学ぶ権利に関する課題を見てみよう。日本に暮らす外国人の中には、当然子どもも含まれる。日本国籍を持っていても、親が外国人で、外国で生まれ育ち日本に移動してくる場合もある。こうした子どもたちは、言語や文化が異なる教育環境に置かれることで、

さまざまな困難に直面することがある。文部科学省によれば，国内の公立学校に在籍している外国籍の子どもは2022年時点で11万人超，年々増加傾向であり，日本語指導が必要な外国籍の子どもは全国に４万7,627人いる[10]。こうした子どもたちへのサポートが，教育現場で課題になっている。単に日本語で相応の教育を受けられるようになることだけではなく，家族や母国の友人とのつながりでもある母語を保持育成すること，希望や適性に応じた進路やキャリアを形成することも，こうした子どもたちの人権として，重要な課題である。子どもたちの学習と生活の場面での困難を解消するために，地域によって，日本語や日本の文化を教える教室などの支援に，学校，行政や市民などが取り組んでいる。あなたの暮らす地域には，どのような取組みがあるだろうか。

　在留外国人が直面する困難を，自分には関係ない課題だと思う人もいるかもしれない。日頃，外国から来た人々と話をしたり交流したりする機会がなければ，あまり意識することもないだろう。ただ，今後も，日本に移動してくる人は増え続けると考えられる。また，国境を越えた人の移動に伴う課題は，日本だけではなく，世界中で共有されている。日本における在留外国人の課題は，国外に暮らす日本人の課題でもあり，世界中の地域の課題でもある。

　第１章で確認したとおり，わたしたちは，「さまざまな違いを有する人々が，それぞれの文化やアイデンティティの多元性を互いに認め合い，対等な関係を築きながら，ともに生きる」（河森ほか 2016）共生社会を，地域と世界で目指していく必要があり，それを担うのはわたしたち自身だ。政府が法律や制度を整備することももちろん重要だが，わたしたち市民が，足元の地域で課題に向き合い，世界と連帯して声を上げていくことで，現実が変わり，政府も動き，新たな社会のあり方が創られていく。

２．ニュースから読み解く世界の課題

　ここまで見てきたように，わたしたちの暮らしは，ものやひと等を通じて，世界とつながっている。環境問題，経済格差，教育の機会の不平等など，世界が直面する課題は，国境を越えてつながりあい，わたしたちの日常の行動が，

Exercise 3-3

○○から見る世界とわたし～国際ニュースを読み解く

自分の関心を入口に国際ニュースを探し，報道されている課題とその背景，関連する課題などについて，調べ，考えてみよう。

① 「○○から見る世界とわたし」の○○，すなわちこの Exercise での調査テーマを決めよう。
   ※たとえば，ファッション，スポーツ，グルメなど自分が日頃の生活の中で興味・関心があるものでよい。

② ①で決めたテーマに関する国際ニュースについて，新聞やネットメディア等の記事で調べてみよう。日本・アジア・オセアニア・ヨーロッパ・アフリカ・北アメリカ・南アメリカのそれぞれの地域発のニュース記事を一つ以上探そう。
   ※ここでの国際ニュースとは，日本国外の出来事・国際社会の動向・日本と他国の関係等に関する内容のものが書かれているものをいう。
   ※国際ニュースを調べる際は以下のサイトを参照してみよう。
   BBC NEWS JAPAN　https://www.bbc.com/japanese
   CNN.co.jp　https://www.cnn.co.jp/
   ロイター　https://jp.reuters.com/
   ※○○に「スポーツ」を選んだ場合，試合結果のみを調査対象とするのではなく，各国事情，国際社会の動向などを含む記事を選ぶようにする。

③ 以下の項目について書き出してみよう。
   ・テーマ
   ・ニュースに関係する地域区分名・国名
   ・メディア名・記事の日付・見出し
   ・ニュースの概要

④ あなたが関心を持っていることにまつわる世界の課題とはなにか，その背景に何があるか，関連する課題は何か，を考察してみよう。

そうした課題と影響しあっている。

　今，あなたがこうして本書を手に取っている間にも，世界は絶えず刻々と動いている。世界で何が起きているのか，あらゆる課題を知ることは難しい。し

かし，自分の関心を入口に，世界のニュースを探してみると，現代社会の課題の一端が見えてくる。さらに，その背景や，関連する課題を知ることにもつながる。それでは，次の Exercise では，自分の関心からニュースを読み解いてみよう。

　わたしたちは，異なる国からやってきたものや人に囲まれて暮らしている。

　本章では，世界と地域や自分とのつながりを考えるために，ファッションや在留外国人というトピックを入口に，自分や自分の暮らす地域におけるそれらの状況，そこに生じる課題，さらにその背景に見られる多様な事情を確認してきた。さらに Exercise 3-3 では，あなたの関心をもとに，国際ニュースを読み解いてきた。

　グローバル化が進む現代社会においては，国境を越えて多くの「ヒト・モノ・カネ・情報」が行き交っている。それらは個々人の生活を豊かにもするが，一方で，地域では多くの問題を引き起こしてもいる。課題は，人権問題，格差の拡大・深刻化，貧困など多岐にわたり，また複雑化している。

　こうした課題に向き合うわたしたちにとって，自分が生きる世界や地域をどのように創造したいかというビジョンを持つことが大切だ。これからどのような世界を目指していけばよいか。この問いに答えるためには，だれもが暮らしやすくまた平和で公正な社会とはどのようなものかを理解していく必要があるだろう。次章は「持続可能性」を手がかりとして，地域と世界の課題とその先について考えていこう。

✎ **注**

(1)　「ラナ・プラザの悲劇」は世界中で報道され，大きな衝撃を与えた（たとえば，「バングラデシュのビル倒壊，死者増加」CNN.co.jp, 2013年4月25日，
https://www.cnn.co.jp/world/35031349.html（最終アクセス　2023年12月2日）。
また，事故の詳細は以下の書籍で説明されている。
伊藤和子（2016）『ファストファッションはなぜ安い？』コモンズ。
大橋正明・村山真弓・日下部尚徳・安達淳哉編著（2017）『バングラデシュを知るための66章』明石書店。
長田華子（2016）『990円のジーンズがつくられるのはなぜ？：ファストファッション

の工場で起こっていること』合同出版。

(2) 環境省「SUSTAINABLE FASHION：これからのファッションを持続可能に」
https：//www.env.go.jp/policy/sustainable_fashion/（最終アクセス　2023年11月12日）。

(3) 同上。

(4) 同上。

(5) 「持続可能性」の考え方については，第4章で詳しく学ぶ。サステナブル・ファッションについて，環境省（注（1））は「衣服の生産から着用，廃棄に至るまで環境負荷を考慮した」と定義しているが，本書では第4章で解説する「持続可能性」の理念に沿って，環境負荷だけでなく，社会や経済への影響も考慮するより広い考え方として理解する。

(6) 特別永住者とは，1991年に執行された「日本国との平和条約に基づき日本の国籍を離脱した者等の出入国管理に関する特例法」により定められた在留資格を持つ者と定義されており，第二次世界大戦以前より日本に暮らしていた外国出身の人びとを指す。

(7) 法務省（2023）「令和4年末現在における在留外国人数について」
https：//www.moj.go.jp/isa/publications/press/13_00033.html（最終アクセス　2023年12月2日）。

(8) 公益財団法人　人権教育啓発推進センター（2017）「平成28年度　法務省委託調査研究事業　外国人住民調査報告書—訂正版—」
https：//www.moj.go.jp/content/001226182.pdf（最終アクセス　2023年12月2日）。

(9) たとえば，「低賃金な移民労働者『発見』とは　研究者が指摘する日本も抱える問題」
『朝日新聞』2023年5月28日
https：//www.asahi.com/articles/ASR5V5STKR5MUPQJ00F.html（最終アクセス　2023年12月2日）。

(10) 文部科学省（2023）「『日本語指導が必要な児童生徒の受入状況等に関する調査（令和3年度）』の結果（速報）」
https：//www.mext.go.jp/content/20220324-mxt_kyokoku-000021406_02.pdf（最終アクセス　2023年12月2日）。

📖　引用・参考文献

International Organization for Migration（IOM）（2021）*World Migration Report 2022.*

第4章 地域と世界の課題を知る
：持続可能性を手がかりに

　ここまで，世界と地域の現状は密接につながりあっていること，自分の暮らしもそうした地域や世界の現状とつながり相互に影響を与え合っていることを，確認し，考えてきた。つまり，よりよい地域や世界を創造していくことは，わたしたち一人ひとりの暮らしをよりよくしていくこととつながり，また，わたしたちが一人ひとりにとって暮らしやすい地域を実現していくことが，よりよい世界の実現につながる。

　なかでも第2章では，地域づくりにおいて「公共性」の概念を基盤に置くことが重要となることを確認した。「多様な人々が，あらゆる人に開かれたかたちで，人々に共通の課題・目的に向けて，共同創造者として地域をともに創る」という意味での公共性に基づく地域づくりが求められている。

　しかし，よりよい地域とよりよい世界を創ろうとするとき，わたしたちはどちらの方向を見て進んでいけばよいのだろうか。ここで，地域と世界の進むべき方向性を示す「羅針盤」として，「持続可能性」という理念を確認しておきたい。本章では，この「持続可能性」の考え方を整理したうえで，「持続可能性」を実現するための目標として設定された「持続可能な開発のための目標（SDGs: Sustainable Development Goals）」を手がかりにしながら，世界と地域の現状や課題を考えてみたい。

1．地域・世界の羅針盤としての「持続可能性」

　地域や世界のこれからを考えるうえで，「持続可能性」という考え方は，その方向性を導くいわば「羅針盤」として広く共有されている。たとえば，国内では多くの自治体が総合基本計画等で「持続可能なまちづくり」を謳っている。とくに近年は，SDGsの登場で急速に認知が広がり，政府，事業者，市民・住

民組織など，地域づくりに関わるあらゆる主体が「持続可能な地域づくり」の推進を掲げている。

「持続可能性」の概念は，1987年，国連「環境と開発に関する世界委員会」による報告書『われら共有の未来（Our Common Future）』が「持続可能な開発」の必要性を主張したことにより，国際社会の注目を集め，議論されるようになった。同報告書は，人間社会の生産と消費のあり方と，一方で深刻化する貧困が，それぞれ人間の生存基盤である地球環境を破壊する原因となっている状況を転換し，「将来世代のニーズを損なうことなく現在の世代のニーズを満たす（"世代間の公正"にもとづく）」「全ての人の基本的ニーズを満たし，全ての人がよりよい生活を求める気持ちをかなえる機会を得られる（"世代内の公正"にもとづく）」開発が重要だと論じ，これらは現在も「持続可能な開発」の定義として広く共有されている。

その後，1992年にブラジル・リオデジャネイロで開催された「国連環境開発会議（通称「地球サミット」「リオ・サミット」）」，2002年に南アフリカ・ヨハネスブルグで開催された「持続可能な開発に関する世界首脳会議（通称「ヨハネスブルグ・サミット」）」などを通じてその思想や具体的施策が議論され，2015年9月の「国連持続可能な開発サミット」で採択された成果文書『我々の世界を変革する：持続可能な開発のための2030アジェンダ（以下，2030アジェンダ）』[1]と，そこに記されたSDGsにつながったのである。

2016年，SDGsがスタートし，日本では，全省庁の参加により「SDGs推進本部」が立ち上がり，12月に「SDGs実施指針」が閣議決定された。また同年4月には，SDGsに賛同するNGO/NPOなどによる「SDGs市民社会ネットワーク」が発足している。その後，行政や市民活動のほか，学校教育や企業活動，各種メディア等を通じSDGsが広く取り上げられるなか，急速に社会的認知が高まった。その結果，1980年代から国際社会では注目されていたものの，一般にはほとんど認識されてこなかった「持続可能性」が，これからの社会の方向性を導く「羅針盤」として，多くの人々の間で共有されたようにみえる。しかし一方で，「持続可能性」は，いかようにも解釈でき多様な意味づけができる

表4.1　「持続可能な開発」概念の発展とそれを取り巻く動き

1987	国連ブルントラント委員会報告書 『われら共有の未来（Our Common Future）』： 「持続可能な開発」の概念が展開され，広く理解される
1992	国連環境開発会議（地球サミット）： 持続可能な開発の実現に向けた国際的行動指針「アジェンダ21」
2000	国連グローバル・コンパクト（持続可能な開発を目指す企業ネットワーク）発足
2002	持続可能な開発に関する世界首脳会議（ヨハネスブルグサミット）
2012	国連持続可能な開発会議（リオ＋20）： 「持続可能な開発目標」の政府間交渉開始合意
2015	国連持続可能な開発サミット『我々の世界を変革する：持続可能な開発のための 2030アジェンダ（持続可能な開発目標（SDGs））』採択
2016	SDGs スタート （国内）日本政府がSDGs 推進本部，SDGs 推進円卓会議を設置，SDGs 実施指針を 決定
2017	（国内）SDGs 市民社会ネットワーク（SDGs ジャパン）設立
2019	SDG サミット2019『SDG サミット政治宣言2019』 （国内）SDGs 実施指針改定版の決定
2023	SDG サミット2023「SDG サミット政治宣言2023」 （国内）SDGs 推進本部が『SDGs アクションプラン』を発表

という意味で「空っぽの記号」とも言われてきた概念だ。多様な立場にある組織や人，多様な状況にある地域が思い描く「持続可能な地域」はやはり多様であり，そうした多様な見方をすり合わせ，「公共性」に基づく共通の目標を描くためには，「持続可能性」の理念の本質を共有しておく必要がある。

　「持続可能性」の理念を，『アジェンダ2030』やこれまでの国際社会における議論をもとに整理してみよう（図4.1）。第一に，「持続可能性」とは，人類が「地球の限界（プラネタリー・バウンダリー[2]）」の内に活動を収めることを意味する。1987年に『われら共有の未来』がすでに指摘していたように，わたしたち人間社会の生産と消費のあり方は，地球の限界を超えて資源を消費し汚染を排出することを続けてきた。これを止めなければ，地球環境の破壊は進み，人間も生存できなくなる。第二に重視されるのは，「包摂・共生（インクルーシブ

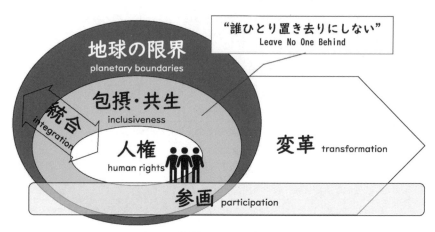

図4.1 「持続可能な開発」の理念

出典：二ノ宮リム（2023）

ネス）」の価値に基づき，格差や差別・社会的不公正のない「誰ひとり置き去りにしない（Leave No One Behind）」社会を目指すことだ。社会に生きる多様な人々，特に力の弱い立場にある人々の目線に立って，皆が暮らしやすい社会を目指すことが求められている。第三に，「持続可能性」の中心に据えられるのが「人権」だ。「すべての人間は，生まれながらにして自由であり，かつ，尊厳と権利について平等である」という『世界人権宣言』（本書巻末資料に掲載）第一条に則り，すべての人の人権を互いに尊重し合うことが基盤となる。

「持続可能性」の理念は，こうした３つの視点を統合しながら，「地球の限界」の枠内で「包摂・共生」の価値に基づく社会を「人権」を尊重し合い創造することを求める。そしてそうした「持続可能な社会」の創造には，既存の枠組みのなかで場当たり的に問題を解決するだけでなく，人間社会のあり方そのものを「変革（トランスフォーメーション）」することが必要だとされる。つまり，1980年代から注目されながらいまだ実現していない「持続可能な開発」のためには，その場しのぎの課題解決でなく，社会と経済の仕組みそのものを作り変える必要があるということだ。そして，そうした変革の過程には，多様な人々・組織の「参画」が必要不可欠となる。つまり，本書のテーマ「パブリック・ア

チーブメント」が掲げる「自分たちが暮らす世界の共同創造者」としてのアクティブ・シティズンシップを，さまざまな人が発揮できる社会が求められている。

2．持続可能性から見る世界・地域の課題

　このような「持続可能性」を地域と世界で実現するために，SDGs をヒントにしながら，地域と世界の課題について考えてみよう。

　SDGs は2016年に正式に発効し，2030年までに達成すべき世界共通の目標として取組みが進んでいる。SDGs の前身として2000年から2015年まで国連が推進した「ミレニアム開発目標（MDGs）」は主に開発途上国を対象としたものだったが，SDGs は先進国を含むすべての国・地域を対象とする普遍的目標として設定された。SDGs は17の目標から成り，それぞれ5つのテーマに分けることができる（目標1〜6の「人間（People）」，目標7〜11の「繁栄（Prosperity）」，目標12〜15の「地球（Planet）」，目標16の「平和（Peace）」，目標17の「パートナーシップ（Partnership）」）（図4.2，表4.2）。それぞれの目標はテーマを越えて互いに影響を与え合うものであり，それぞれの達成には統合的な取り組みが必要となる。たとえば，質の高い教育（目標4）の実現は，それをジェンダー格差（目標5）や経済格差（目標10）等によらず平等に受けられる状況があってこそ意義があり，同時にそれらの格差は教育によって縮小・解消される。また，経済の成長（目標8）や産業の発展（目標9）を実現するなかでは，公害や環境破壊を生じさせない（目標14，15）道程を考えねばならず，そのためには多様な関係者の協同（目標17）が必要となる。

　さて，ここで，第3章の Exercise 3-3「○○から見る世界とわたし〜国際ニュースを読み解く」で紹介されたニュースサイト等を用いて，今度は SDGs の5つのテーマそれぞれに関連する国際ニュースを探し，どの SDGs にどのように関係しているかを説明してみよう。

　さあ，世界にはどのような課題があるだろうか。関係する SDGs は一つとは限らない。該当するテーマ内でも複数の SDGs と関係するかもしれないが，異

図4.2 国連・持続可能な開発目標（SDGs）と5つのテーマ
出典：国際連合広報局『SDGsを広めたい・教えたい方のための「虎の巻」』をもとに作成

　なるテーマのSDGsにも関係するものがないだろうか。できるだけたくさんの
SDGsとの関係を見つけ，それぞれの関係を書き出してみよう。その中で，そ
れぞれの目標が互いに与え合う影響や，それぞれの目標を達成するためにはそ
の目標だけでなく他の目標にも統合的に取り組む必要があることが，見えてく
るだろうか。また，世界のさまざまな国・地域の課題が，多様なかたちでSDGs
と関連していることも，明らかになるだろうか。

　前述のとおり，SDGsはすべての国・地域にとっての普遍的目標として設定
された。日本国内の地域にも，17の目標に関わる多様な課題がある。表4.3に，
各目標に関係する日本の地域の課題例を記す。

　ではここで，あなたにとって身近な地域（第2章の「"わたし"と地域マップ」
に描いた地域など）で最も実現したいSDGsの目標を選び，自分の地域の課題
について考えてみよう。表4.3はあくまで例に過ぎず，あなたの地域にはこの

表4.2　SDGs の17目標と 5 テーマ

目標	概要
People（人間）：あらゆる形態の貧困と飢餓に終止符を打ち，尊厳と平等を確保する	
目標 1　貧困をなくそう	あらゆる場所のあらゆるかたちの貧困を終わらせる
目標 2　飢餓をゼロに	飢餓を終わらせ，栄養を改善し，持続可能な農業をすすめる
目標 3　すべての人に健康と福祉を	あらゆる年齢の全ての人の健康な生活を確保し，福祉を推進する
目標 4　質の高い教育をみんなに	すべての人への衡平な質の高い教育と生涯学習の機会を提供する
目標 5　ジェンダー平等を実現しよう	世界中で女性と少女が力をつけ，ジェンダー平等を実現する
目標 6　安全な水とトイレを世界中に	すべての人に持続可能な水の使用と衛生設備（トイレ，下水道など）を保障する
Prosperity（繁栄）：自然と調和した，豊かで充実した生活を確保する	
目標 7　エネルギーをみんなにそしてクリーンに	すべての人が，安くて安定的に発電してくれる，持続可能なエネルギー（太陽光，風力などの再生可能エネルギー）が使えるようにする
目標 8　働きがいも　経済成長も	みんなが参加できる持続可能な経済成長を促進し，すべての人が職をもち，働きがいのある人間らしい仕事ができるようにする
目標 9　産業と技術革新の基盤をつくろう	災害に強いインフラをつくり，みんなが参加できる持続可能な産業化を進め，新しい技術を生み出しやすくする。
目標10　人や国の不平等をなくそう	国内及び国家間の格差と不平等を減少させる
目標11　住み続けられるまちづくりを	まちや人びとが住んでいるところを，だれもが受け入れられ，安全で，災害に強く，持続可能な場所にする。
Planet（地球）：将来の世代のために，地域の天然資源と気候を守る	
目標12　つくる責任　使う責任	生産と消費のパターンを持続可能なものにすることを促進する
目標13　気候変動に具体的な対策を	気候変動とその影響を軽減するための緊急対策を講じる
目標14　海の豊かさを守ろう	海と海洋資源を守り，持続可能な利用を促進する
目標15　陸の豊かさも守ろう	陸の生態系を保護し，持続可能な利用を促進し，森林の持続可能な管理，砂漠化への対処，土地の劣化，生物多様性の喪失を止める
Peace（平和）：平和で公正，かつ包摂的な社会を育てる	
目標16　平和と公正をすべての人に	平和的で，誰一人のけ者にされない社会と，すべての人が法律に基づいた手続きをとれるようにする。あらゆるレベルで効率的で説明責任ある能力の高い行政を実現する
Partnership（協同）：確かなグローバルパートナーシップを通じ，アジェンダを実施する	
目標17　パートナーシップで目標を達成しよう	目標達成のために必要な行動を強化し，持続可能な開発に向けて世界の国々が協力する

Exercise 4 − 1

ニュースから読み解く世界の課題と SDGs

以下のニュースサイト等を通じて，SDGs の 5 つのテーマそれぞれに関連する国際ニュース（国外の出来事・国際社会の動向・日本と他国の関係等に関する新聞記事やネットニュース記事のなかから自分が重要だと思うもの・興味深いものなど）を一つずつ探し，以下の項目について書き出してみよう。

① 該当するテーマ（「People（人間）」「Prosperity（繁栄）」「Planet（地球）」「Peace（平和）」「Partnership（パートナーシップ）」のいずれか）
② ニュースに関係する国名
③ メディア名・記事の日付・見出し
④ ニュースの概要
⑤ SDGs との関係（どの SDGs とどのように関係しているか。①の該当テーマ外のSDGsも含め，できるだけ多くのSDGsとの関係を説明する。）

※国際ニュースを調べる際は以下のサイトを参照してみよう。
BBC NEWS JAPAN　https：//www.bbc.com/japanese
CNN.co.jp　https：//www.cnn.co.jp/
ロイター　https：//jp.reuters.com/

Exercise 4 − 2

わたしの地域と SDGs

自分の身近な地域で実現したい目標を SDGs の中から一つ選び，その目標の実現に向けて以下の点を書き出してみよう

① 選んだ SDG（目標）
② 「これを解決したい！」現在の課題：自分の身近な地域には，その目標と関連する課題として，どのようなものがあるか？
③ 「こうなったらいいな！」将来の理想・ビジョン：自分の身近な地域（上記と同じ）で，その目標が実現したら，どのような未来が待っているだろうか？
④ SDGs との関係（どの SDGs とどのように関係しているか？①の目標以外にも，できるだけ多くの SDGs との関係を説明する。）

ほかにもさまざまな課題があり得る。記入にあたって，自分の知識やアイディアが十分でなければ，家族や周囲の人に聞いたり，地域の中を歩いてみたり，インターネット上の情報を探したりしてみよう。

　実現したい目標，そのために解決したい課題，目指したい地域の将来ビジョンを確認することができただろうか。それでは，こうした課題解決や将来ビジョンを実現するために，実際にどのように取り組むことができるのだろうか。ここで，似た・関係する課題に取り組む他の地域の事例を探してみることにしよう。

表4.3　SDGsと国内地域の課題例

目標	日本の地域の課題例
1	相対的貧困率上昇，女性・ひとり親家庭・子どもの貧困，ワーキングプア
2	子ども・ひとり親家庭・女性の貧困，食料廃棄，農業の衰退
3	介護施設不足，介護疲れ，医療過疎，障害者差別
4	居住地域や家庭の経済状況による教育格差，いじめ，不登校，教員の多忙
5	賃金・政治参加・家事負担等の男女格差，性暴力，性別役割分業の固定化
6	水質汚染，水資源の浪費，水源地の自然破壊，バーチャルウォーター
7	原発事故，エネルギー浪費，低いエネルギー自給率
8	過労死，ブラック企業・ブラックバイト，過労死，非正規雇用の増加
9	産業の衰退，産業の空洞化，災害によるインフラ破壊
10	収入格差，年齢・性別・出自・人種・宗教等による差別，ヘイトスピーチ
11	インフラの老朽化，空き家の増加，無計画な公共工事
12	レジ袋の浪費，消費行動を通じた環境・社会の破壊
13	エネルギーの浪費，異常気象による農作物の品質低下・不作，豪雨災害
14	海洋プラスチック汚染，ウナギやマグロ等魚資源の枯渇
15	開発にともなう自然破壊，種の絶滅・減少
16	組織犯罪，汚職，えん罪
17	縦割り行政，官と民の連携不足

Exercise 4－3

他地域の取り組みについて調べ考えよう

Exercise 4－2で書き出した，自分の地域の課題・理想と関係する・類似する課題・理想に対して取り組む他地域の事例を，下記のウェブサイト※等から探し，以下を書き出してみよう。

① 地域名
② 取り組んでいる課題（何を解決しようとしているか？）
③ 取り組みの具体的な内容（何をしている・したのか？）
④ 関わっている人・組織（取り組みの主導者・対象者・参加者・協力者等，影響を与える・受ける人や組織・団体等の具体的名称）（誰が関わったのか？）
⑤ SDGsとの関係（どのSDGsにどのように関係しているか？）
⑥ 自分の地域にとって参考になりそうな点（真似できそうな点，起こりそうな問題点など）

※NHK地域づくりアーカイブス，
https：//www.nhk.or.jp/chiiki/（最終アクセス 2023年12月2日）
さまざまな番組で紹介された地域の課題解決事例の部分を切り取った動画が掲載されている。関係するSDGs，ジャンル，キーワード，都道府県などから検索，絞り込みが可能。

　自分の関心に沿う他地域の取組みを見つけることができただろうか。そこではどのような取り組みが進んでおり，そこにどのような人や組織が関わっていただろうか。自分の身近な地域と類似する課題を抱える他の地域で，どのような人々・主体（組織・団体）が何に取り組んでいるかを理解したうえで，自分の地域でも取組みを進めることを具体的に想像すると，参考にできる点が浮かび上がってくる。

　また，そうした取組みが世界の普遍的な目標としてのSDGsとどのようにつながっているかを考えてみると，ひとつの取組みがさまざまな目標とつながっていること，SDGsの各目標の間にも多様なつながりがあること，地域と世界

もつながっていることなどが見えてくる。

　本章では，よりよい地域と世界を「公共性」の理念に基づきともに創ってい
く際，方向性を示す羅針盤となる理念として「持続可能性」が重要となること
を確認した。

　1980年代から国際社会の注目を集め議論が続けられてきた「持続可能性」の
考え方が，『2030アジェンダ』とSDGsの登場によって日本社会で広く認知さ
れるに至った今，その本質的理念をあらためて共有することが大切だ。「地球
の限界」の枠内で，「包摂・共生」の価値に基づく社会を，「人権」を尊重し合
いながら，多様な人々・組織の「参画」によって，人間社会のあり方そのもの
を「変革」する。これらを統合的に実現することを導くのが，「持続可能性」
という理念である。17の目標から成るSDGsは，こうした持続可能性の理念を，
具体的な地域と世界の課題につなぐための手がかりとなる。本章のExercise
では，世界のニュースや自分の身近な地域の課題と理想，さらに他地域の課題
解決の取組みを，SDGsとのつながりを確認しながら整理した。

　「持続可能性」という理念は，短期的な経済的発展を重視するあまりに環境
や社会を破壊し，将来の人類が生きる基盤を損なったり，世界の地域や人々の
間の格差を放置・拡大したりする開発のあり方に待ったをかけ，社会・環境・
経済のバランスをとりながら，人々の間に公正な関係性を築くような開発こそ
が，長期的な人間社会の存続を可能にする，という見方に立つ。「持続可能性」
を軸に，あらゆる人の参画による，人間社会の変革が求められる今，それを支
えるのが，本書のテーマ「パブリック・アチーブメント」が掲げる「自分たち
が暮らす地域や世界の共同創造者」としてのアクティブ・シティズンシップな
のである。

　さあ，あなたは，自分の足元の地域の視点から，または自分や地域を含む世
界の視点から，持続可能な未来への共同創造者として，どのように歩んでいけ
るだろうか。

✎ 注

(1) 英語版 *Transforming Our World : The 2030 Agenda for Sustainable Development*
https://sustainabledevelopment.un.org/content/documents/21252030%20Agenda%2
0for%20Sustainable%20Development%20web.pdf, 日本語仮訳『我々の世界を変革す
る：持続可能な開発のための2030アジェンダ』
https://www.mofa.go.jp/mofaj/files/000101402.pdf（最終アクセス 2023年12月2日）。

(2) スウェーデンのストックホルム・レジリエンス・センター元所長ヨハン・ロックスト
ロームを中心とするグループが論文（Johan Rockström et al. (2009) "Planetary
Boundaries : Exploring the Safe Operating Space for Humanity", *Ecology and Soci-*
ety, vol. 14, no. 2, art. 32）で発表し，その後も発展している概念。詳細は Stockholm
resilience Centre ウェブサイト "Planetary boundaries",
https://www.stockholmresilience.org/research/planetary-boundaries.html（最終アク
セス 2023年12月2日）。

📖 引用・参考文献

二ノ宮リムさち（2023）「序章：誰ひとり置き去りにしない未来と社会教育・生涯学習」
二ノ宮リムさち・朝岡幸彦編『社会教育・生涯学習入門—誰ひとり置き去りにしない
未来へ—』人言洞，pp. 1-14。

第 **5** 章　地域の取り組みと人々の関係
：パワーマップ

　第4章では，「持続可能性」を軸に，地域の課題について考え，他の地域の取組み事例を調べた。本章では，持続可能性と公共性に基づく地域づくりに取り組む一歩として，地域の具体的な課題について，その課題に関係する人・組織であるステークホルダー（後述）の観点から捉えてみよう。地域のさまざまな課題に対して，何か行動を起こそうと思うとき，その課題に誰が関わっているのか，またどのように関係しているのかを知ることが不可欠だ。そうしたステークホルダーの関係性を「パワーマップ」に描くことで，課題の構造を可視化しながら理解し，多様な立場の人や組織の協働に向けた戦略を考えることが本章の目的である。

1．課題に関係する人・組織：ステークホルダー

　第4章で，あなたは，自分が「解決したい」と考える地域の課題を書き出した。次のステップは，実際にそれを解決するにはどのように取り組めばよいかを考えることだ。しかし，ただやみくもに解決策を探そうとしても難しい。自分一人でいくら解決策を考えても，漠然としたアイディアしか出なかったり，実現性に乏しい計画しか立てられなかったりする。他の地域の取組みを調べても，地域の状況はそれぞれに異なるので，参考にはできるがそのまま真似することはできない。自らの地域で，どのように取り組むかを考えるためには，課題の背景や原因と現状を理解するとともに，そこに関わるステークホルダーを把握する必要がある。言い換えれば，課題に関係する登場人物を知るということである。

　地域には多様な課題が存在している。一つの課題をとっても複数の人や組織が関係し，それぞれにその課題への関心や解決につながる資源を持っている。

課題を取り巻くステークホルダーには, 問題の原因を作り出している人・組織, その問題によって困っている人・組織, 問題の解決につながる資源を持つ人・組織が含まれる。

　地域にある課題はわたしたちが思う以上に複雑で, その多くは簡単に解決できるものではない。課題を解決するにはさまざまな方法があるだろうが, 一人で, もしくは一つの組織だけで解決できることはほとんどない。関心や志を共有する人や組織の力を集め, 協力してくれそうな人や組織に声をかけ, 対立する立場にある人や組織に働きかけるというように, 多様な登場人物とつながり協働の関係を築く必要がある。つまり, ある課題に取り組もうとするとき, まず行うことは, ステークホルダーを明らかにし, つながる糸口を探し, 順を追って巻き込み, 協働を実現していくことだ。

2. 関係を理解する：パワーマップとは

　地域のある課題を取り巻くステークホルダーを把握し理解するために, ここでは, パブリック・アチーブメントで活用される「パワーマップ」という方法を試してみよう。

　パワーマップとは, ステークホルダーの関係を図示したものである。パワーマップは, あなたが関心をもつ課題について, 「どのような問題があり, そこにどのような人が関係しているのか, さらにそれらの人々がどのような関心や意見を持っており, どのような資源を有するのか（古田, 2020a）」を整理するためにある。ステークホルダーを羅列でするだけでなく, どのように関係しているかを可視化し, 構造として捉えていく。ここでいう「パワー」とは, 「他者や制度, プロセスに影響を与える能力（古田, 2020b）」のことであり, 単に力関係を意味するものではない。

　課題に関係する人や組織は, 次のように分類することができる。まず, 「当事者」である。その問題によって困っている人や組織のことを指す。次に, 「同志」である。当事者と同じ思いを持ち, 課題の解決や状況の変化のためにともに行動を起こす主体者である。一方で, 当事者や同志の関心と対立する関心を

持つ「反対者」もいるだろう。さらに，同志にはならないが，側面的に当事者や同志を応援してくれるような「支援者」もいる。さらに，「競合」，つまり，関心を共有しつつ似た取組みを進めようとしていて，同志にもなり得るが，同じ支援者などの取り合いになる可能性がある人・組織もいるかもしれない[1]。

　パワーマップによってステークホルダーの関係を理解し，取組みの方向を考えていく上で，単に「強力なパワーを持つ誰かがいれば解決できる」「リーダー（例えば市長，学校長など）が変えてくれるのを待つ」と捉えるのではなく，「動態的，双方向的，多方向的な関係性（古田，2020a）」としてのパワーに注目したい。「『パワーを誰がもっていて，自分たちはもっていない』というような関係軸で抽象的にとらえるのではなく，パワーには多くの種類があること，いかなる課題にも多くの利害が絡んでいること，さらには問題に取り組むうえでは多くの潜在的な方法がある（ボイト 2020）」ことを見出していこう。

3．パワーマップを描く：他地域の事例から

　さていよいよパワーマップを作成してみよう。前節を参考に，「当事者」「同志」「反対者」「支援者」「競合」といった観点を使いながら，ステークホルダーと課題との関係を整理してみよう。

Exercise 5 – 1

パワーマップを作成しよう～他地域の事例を参考に

(1) A4以上の大きさの紙を用意し，Exercise 4 – 2で選んだ「身近な地域における課題」を紙の中央に書こう。

(2) Exercise 4 – 3④であげた関係する人・組織（ステークホルダー）を書き，課題との関係を書き出そう。

　　① ステークホルダーには，その課題の「当事者」「同志」「反対者」「支援者」「競合」を含む。その課題によって困っている当事者だけでなく，原因を生じさせている人・組織，解決につながる権限や資源を持っている人・組織，支援をしてくれる人・組織が誰かをイメー

　　　　ジしながら挙げてみよう。
　　②　調べた情報だけでは詳細がわからない場合は，「？」を記入してお
　　　く。
(3)　それぞれのステークホルダーを記号でつなぎ，関係を図示しよう。

〈記号例〉
⇒　支援・被支援関係にある人・組織
＝　協力関係にある人・組織
➡　上下関係にある人・組織
⇔　反対・対立関係にある人・組織
↔　競合関係にある人・組織

　ここでは子どもの貧困を事例にして考えてみよう。

　　大学生のＡさんは，地域にいる子どもの中に，親が多忙で，毎晩ひと
りで食事（「孤食」という）をしている子どもがいることを知った。さらに，
勉強がわからないけれど，だれにも見てもらえていないという話も聞いた。
　　そこでＡさんは，「子どもの孤食・孤立」の課題に取り組んでいる，他
の地域での取組みを調べた。その地域には，孤食の子ども（当事者）のた
めに活動する市民活動団体（同志）があった。その市民活動団体は，メン
バーの家を一部開放して週に１回子ども食堂を開き，料理好きなメンバー
が栄養のある夕飯を安価な金額で提供していた。農家（支援者）が地元で
とれた野菜や米を提供し，協力していることがわかった。市民団体のホー
ムページには，市の行政（支援者）から「市民活動助成金」を受けている
ことが書かれていて，その他の食材の購入にあてているようだった。また，
料理ができるまで子どもたちが自由に過ごせるスペースを作っている。市
民団体のメンバーの中に退職した小学校教師や保育士などが在籍してお
り，子どもたちの遊びの面倒を見たり，宿題をサポートしたりしているよ
うだった。夕食の時間にはみんなで食事をとり，仕事から帰った親（当事
者）が参加することもある。市民団体メンバーの子育て経験者に相談した
り，親同士で雑談したりすることもあるという。

　さらに調べていくと，同じ地域には大学があり，大学生たち（競合）が放課後に大学の教室を使って，地域の子どもなら誰でも通える無料塾を開催するというボランティア活動をしていることもわかった。

以上の情報をまとめて以下のようなパワーマップを作成した。

　中心に書いた課題からいくつかの線を引き，また，その先のステークホルダー同士の関係を線で表している。パワーマップを描くにあたって，地域の状況をよく調べてみると，さまざまな関係が広がっていることがわかる。現時点で明らかな「同志」「支援」の関係はなくても，それぞれが持っている関心や資源をつなぎ合わせれば，そうした関係を結ぶことができそうなステークホルダーもいるかもしれない。または，「こういう関心や資源を持つ人・組織が現れたら，『同志』『支援』の関係ができ，協働につながるのではないか」という気づ

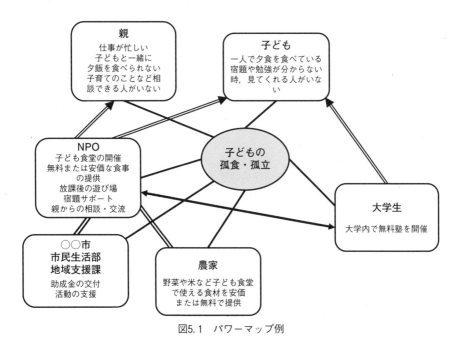

図5.1　パワーマップ例

きも生まれるかもしれない。このように，パワーマップを描くことで，ステークホルダーとしての登場人物を整理して捉え，潜在的な取組みの可能性を見出すことができる。

　パワーマップの中に複数の種類のパワーを描くことは，「階級，人種，信仰，党派的信念の違いを超えた協調的なプロジェクトがいかに重要か表面化させる（ボイト，2020）」ことにもつながる。課題そのものの構造を理解し，「反対」「競合」の関係を含めた協働の仕組みを創り出しながら，柔軟で豊かな取組みを見出していくことができる。俯瞰的な視点でステークホルダーの関係を理解することで，取組みのストーリーを考えることができるのである。

4．パワーマップを描く：わたしの地域の課題

　他地域の事例を客観的に図示できたところで，自分自身の地域の課題について，同じようにパワーマップを描いてみよう。Exercise 4-2で選択した，あなた自身が関心を持っていること，暮らしの中の「困った」や「どうにかしたい」ことについて，取組みのストーリーを考えるために，あなたの地域の登場人物，すなわちステークホルダーの確認から始めてみよう。

Exercise 5-2

パワーマップを作成しよう〜わたしの地域では

(1) Exercise 5-1で作成したパワーマップを参考にし，Exercise 4-2で選んだ「身近な地域における課題」を紙の中央に書こう。
(2) その課題に関係する人・組織（ステークホルダー）をできるだけたくさん書き出そう。

　　① 書き出すために，あなたの地域で実際に行われている取組み事例を，以下のような方法を用いて調べてみよう。

家族や地域の人に話を聞く，自治体のウェブサイトで閲覧する，自治体の広報誌や新聞，地域のタウン誌を読む，地域の掲示板を確認する，公民館・社会教育施設などで社会教育関係職員に話を聞いてみる，す

でに活動に取り組んでいる人にインタビュー調査をする，地域を歩き
回って関連することを探してみるなど

② ステークホルダーには，その課題の「当事者」「同志」「反対者」「支
援者」「競合」を含む。その課題によって困っている当事者だけで
なく，原因を生じさせている人・組織，解決につながる権限や資源
を持っている人・組織，支援をしてくれる人・組織が誰かをイメー
ジしながら挙げてみよう。

(3) 作成したパワーマップの中に，「自分」を置くなら，どこに位置づくか考え
てみよう。

　さあ，どのようなパワーマップができただろうか。身近な地域の中の情報を
探し，調べながらの作成になる。②で取り組む，自分の地域を見つめなおす調
査が鍵になる。見落とされているステークホルダーはいないだろうか。自分の
地域で誰が何をしているか，何が起きているか知らない・わからないという場
合は，情報を知るためにインターネットで検索するのもよいが，ぜひ実際に地
域の人々に話を聞くことにも挑戦してみてほしい。すでになんらかの取組みを
している人は豊富な情報や経験を持っている。そうした人たちに実際の状況や
様子を聞いてみるのもよいだろう。どこで，誰が，課題にどのようにかかわっ
ているのかを知ると，パワーマップはより現実を反映したものとなるだろう。

5．わたしの地域でできること

　Exercise 5−1と5−2でパワーマップが2つ完成した。それぞれを見比べて
みるとステークホルダーの数や種類の違いがあるかもしれない。他地域の事例
を見た中で，自分の地域にはないステークホルダーも登場したかもしれないし，
その逆もあっただろう。

　多くの地域に共通している課題がある。例えば，インフラの老朽化や商店街
の衰退は，現在，国内の多くの地域が直面する課題だ。既にさまざまな取組み
が進む地域もあるが，そうした地域の取組み事例を調べると，「他地域には強
力な資源をもった組織があるけど，自分の地域にはなかった・・・。自分の地

Exercise 5 - 3

(1) Exercize 5 - 2 で作成したパワーマップを見ながら，課題解決に向けて自分が取り組んでみたいことを言葉にしてみよう。

(2) 取り組んでみたいことに対して，自分ができることを考えてみよう。

(3) ②の取り組みに関わりそうなステークホルダーをリストアップし，実際に声をかけ，相談を始めてみよう。

　① アクセスする方法例には以下のようなものが考えられる。

✓ 該当する人や組織にメールを送る

✓ SNS を通じて連絡してみる

✓ 該当する組織が開催している活動やイベントなどに参加し，一緒に活動してみる

✓ 直接連絡が取れない場合は，知り合いなどに紹介してもらう

例

　① 自分が取り組んでみたいこと

地域の子どもの勉強を手伝ってあげたい。苦手な科目はあるけど，得意な科目であればそれなりに教えられると思う。そして，自分が子どもの頃には，勉強に苦手意識があったからこそ，その子にあった一緒に勉強の方法を考えられるかもしれない。

　② 自分ができること

子どもの勉強を手伝える。人と話すのは結構得意。

　③ 自分の考える取り組みに関わりそうなステークホルダー

　　1）（同志）大学や地元の友達：自分が取り組みたいこと（地域の子どもの勉強を手伝う）を話して興味を持った人と一緒に活動できないか誘いたい。

　　2）（支援）地元の子ども食堂：活動に参加してみる。空いているスペースで子どもの宿題や勉強を手伝うことはできないか相談してみたい。

　　3）（競合・支援）他地域の子ども食堂・無料塾：見学をさせてもらいたい。どんな活動をしているのか，活動の上で気を付けていることは何かをインタビューさせてもらいたい。

域では解決することはできないのではないか。」と思うこともあるかもしれない。しかし，地域の状況によって，ステークホルダーも取組みの方法も異なることは当然だ。その中でも，自分の地域では何を参考にできるかという視点で比較してみると，新たな観点を得ることができる。他の地域の事例をそのまま真似するのではなく，自分の地域の実情に合わせた何らかの工夫が必要だということもある。

　さて，最後に，あなた自身の関わりについて考えよう。Exercise 5-2 の最後に，自分自身をパワーマップに加えた。自分が地域で課題解決に向けた活動をするなら，何ができそうだろうか。参加に向けた第一歩となる Exercise 5-3 に取り組んでみよう。そして，パワーマップを見ながら，誰にどのようなはたらきかけをしていくか考えてみよう。

　ステークホルダー同士のつながりは，固定的なものではなく，時とともに変化していく。取組みを進めていく中での変化もある。変化は悪いことではなく，取組みが発展した証でもある。

　パワーマップができても，はじめは知り合いがなかったりつながりがなかったり，働きかけることに難しさを感じるかもしれない。はじめは自分の取り組みたいことが多少ぼんやりとしていたとしても，自分の関心を周囲と共有し，「同志」や「支援者」を含む多様なステークホルダーと話し合い，ともに活動していく中で，自分が取り組みたいことが明確になっていくこともある。

　本章では，課題に関係するステークホルダーを書き出し，その関係を図示するパワーマップを作成した。これを通じて，課題とステークホルダーへの理解が深まっただろうか。課題やステークホルダーの関係構造を整理すると，「自分がだれかと協力してできること」の方向性を見出し，適切な「だれか」に声をかけることができるようになる。

　わたしたちが生きる地域には困難な課題がいくつもある。さまざまな立場の人々のつながりと資源が活かされ，協働的な活動が進むことで，解決策を編み出していくことができるのである。

　さて，本章では地域を舞台に，その中の登場人物の関係性に着目してきた。次章では，再び世界に焦点を移し，地域から世界の共創にどう関われるのか，その可能性について考えてみよう。

✎ 注
(1) 鎌田（2020）を参考に，本書独自の解釈を盛り込んでいる。

▥ 引用・参考文献
鎌田華乃子（2020）『コミュニティ・オーガナイジング：ほしい未来をみんなで創る5つのステップ』英治出版。

古田雄一（2020a）「訳者解説：パブリック・アチーブメントと鍵概念の理解のために」ボイト，ハリー・C.著，小玉重夫監修，堀本麻由子・平木隆之・古田雄一・藤枝聡監訳『民主主義を創り出す―パブリック・アチーブメントの教育』東海大学出版部，pp. xvii–xix。

古田雄一（2020b）「付録：パブリック・アチーブメントについて」ボイト，ハリー・C.著，小玉重夫監修，堀本麻由子・平木隆之・古田雄一・藤枝聡監訳『民主主義を創り出す―パブリック・アチーブメントの教育』東海大学出版部，pp. 263–268。

ボイト，ハリー・C.著，小玉重夫監修，堀本麻由子・平木隆之・古田雄一・藤枝聡監訳（2020）『民主主義を創り出す―パブリック・アチーブメントの教育』東海大学出版部，pp. xvii–xix。

第6章　世界の共創を考える

　前章では，地域の具体的な課題に対して，ローカルなつながりの中で働きか
け，よりよい地域を実現していくことを考えた。本章では，グローバルなつな
がりのなかで，持続可能な世界をともに創るパートナーシップについて考えた
い。地域の取組みを，世界の共創につなげていくために，地域と世界に生きる
わたしたちは，グローバル・シティズンとしてどのように行動できるだろうか。
現在のグローバル・パートナーシップのしくみを確認したうえで，気候変動を
事例に，具体的な行動を考えてみよう。

1．持続可能な世界への志向

　第4章で確認したとおり，国際社会は1980年代以降，世界を導く概念として
「持続可能な開発」に注目し，議論と取組みを広げてきた。2016年に『2030ア
ジェンダ』が採択され，世界共通の目標としてSDGsが掲げられてからは，よ
り具体的な「持続可能な開発」のあり方が共有され，地域，国，世界のそれぞ
れの段階で取組みが進んでいる。個人の人権を尊重し，包摂・共生の社会を築
きながら，人間活動を地球の限界の枠内に収めること，そのためにはこれまで
の人間社会のあり方を大きく変革する必要があること，その変革の過程には多
様な人々が参画する機会を得ることが重要なこと，こうした持続可能性の理念
が打ち出され，共有されつつある。

　いっぽう，SDGsは，多様な国々のそれぞれの事情や思惑を背景にした国際
交渉の末に採択された，いわば妥協の産物でもあり，実際には持続可能な開発
につながるすべての課題が含まれているわけではない。また，SDGsは法的拘
束力を持たない，あくまで「目標」であって，それぞれの国がそれぞれの解釈
や選択によって取り組むことができてしまうものでもある。

76

　しかしそれでも，SDGsのすべてを貫く目標として最後の17番目に位置づけられた「パートナーシップ」が，人間社会の今後のために不可欠であることは，どの国も認めるところだろう。パートナーシップとは，対等な立場で手を取り合い協力することを意味する。目標全体の実施手段を表すものとして他の目標とは異なる性質を持つ目標17は，正式には「持続可能な開発のための実施手段を強化し，グローバル・パートナーシップを活性化する」と題され，その実現に向けた19の「ターゲット」が，「資金」「技術」「能力構築」「貿易」「体制面」の5つの領域について列記されている。これらの多くが開発途上国に対する先進国や国際機関の支援・協力を中心に国家間の協力をうたうものだが，体制面に「マルチステークホルダー・パートナーシップ」として国だけではない異なるアクター間のパートナーシップにも言及がある。さらにSDGsを提案した文書『2030アジェンダ』（第70回国連総会）では，前文に「すべての国及びすべてのステークホルダーは，協同的なパートナーシップの下，この計画を実行する」と記され，さらに本文では「新アジェンダの規模と野心は，その実施を確保するために活性化された『グローバル・パートナーシップ』を必要とする。…（中略）…このパートナーシップは，世界的連帯，特に，貧しい人々や脆弱な状況下にある人々に対する連帯の精神の下で機能する。それは，政府や民間セクター，市民社会，国連機関，その他の主体及び動員可能なあらゆる資源を動員して全ての目標とターゲットの実施のために地球規模レベルでの集中的な取組を促進する」（P. 11）とうたわれる。つまりここには，国境やセクター間の壁を越えたパートナーシップを，特により困難な状況にある人々との連帯を意識しながら構築していく中で，持続可能な世界を実現する決意が示されている。

　いま，わたしたち人類は，さまざまな壁を越えるパートナーシップを築き，持続可能性を羅針盤に，未来をともに創る道を歩み始めているのだ。

2．持続可能な世界の共創へ向けた連帯のしくみ：国連システム

　そうしたグローバル・パートナーシップに基づく世界の共創は，これまでもさまざまなかたちで進展してきた。

　現代社会において，グローバル・パートナーシップを支える代表的な組織が「国際連合」，通称「国連」だ。1920年から1946年まで設置された「国際連盟」が第二次世界大戦（1939〜1945年）を防ぐことができなかったという反省のもと，1945年10月，51ヵ国が加盟して設立された。日本は設立から11年を過ぎた1956年に80番目の加盟国となった。直近では2002年にスイスと東ティモール，2006年にモンテネグロ，2011年に南スーダンが加盟し，2023年現在193ヵ国が加盟する組織に発展している。公用語として，英語，フランス語，中国語，ロシア語，スペイン語，アラビア語が用いられている。

　加盟国の権利や義務，国連の主要機関や手続，国際関係の主要原則が記された基本文書が「国際連合憲章（国連憲章）」だ[1]。国連憲章の前文を見てみよう。基本的人権，正義，自由，寛容，平和，経済的・社会的発達といった共通の目的を掲げて，それらが実現する未来を共創する組織としての国連がうたわれている。

> われら連合国の人民は，
> われらの一生のうち二度まで言語に絶する悲哀を人類に与えた戦争の惨害から将来の世代を救い，
> 基本的人権と人間の尊厳及び価値と男女及び大小各国の同権とに関する信念を改めて確認し，
> 正義と条約その他の国際法の源泉から生ずる義務の尊重とを維持することができる条件を確立し，
> 一層大きな自由の中で社会的進歩と生活水準の向上とを促進すること
> 並びに，このために，
> 寛容を実行し，且つ，善良な隣人として互に平和に生活し，
> 国際の平和および安全を維持するためにわれらの力を合わせ，
> 共同の利益の場合を除く外は武力を用いないことを原則の受諾と方法の設定によって確保し，
> すべての人民の経済的及び社会的発達を促進するために国際機構を用いることを決意して，
> これらの目的を達成するために，われらの努力を結集することに決定した。
> よって，われらの各自の政府は，サンフランシスコ市に会合し，全権委任状を示してそれが良好妥当であると認められた代表者を通じて，この国際連合憲章に同意したので，ここに国際連合という国際機構を設ける。

表6.1 国連システム事務局長調整委員会（CEB）参加機関

国際連合（UN），国連食糧農業機関（FAO），国際原子力機関（IAEA），国際民間航空機関（ICAO），国際農業開発基金（IFAD），国際労働機関（ILO），国際通貨基金（IMF），国際海事機関（IMO），国際移住機関（IOM），国際電気通信連合（ITU），国連貿易開発会議（UNCTAD），国連開発計画（UNDP），国連環境計画（UNEP），国連教育科学文化機関（UNESCO），国連人口基金（UNFPA），国連人間居住計画（UN—Habitat），国連難民高等弁務官（UNHCR），国連児童基金（UNICEF），国連工業開発機関（UNIDO），国連薬物犯罪事務所（UNODC），国連プロジェクトサービス機関（UNOPS），国連パレスチナ難民救済事業機関（UNRWA），ジェンダー平等と女性のエンパワーメントのための国連機関（UN—Women），世界観光機関（UNWTO），万国郵便連合（UPU），世界食糧計画（WFP），世界保健機関（WHO），世界知的所有権機関（WIPO），世界気象機関（WMO），世界銀行（World Bank），世界貿易機関（WTO）

　国連には，6つの主要機関として，総会，安全保障理事会，経済社会理事会，信託統治理事会，国際司法裁判所，事務局が設けられている。さらに，世界が直面するさまざまな課題に対応する計画・基金，専門機関などが設けられ，そのうち31機関（表6.1）が国連システム事務局長調整委員会（United Nations System Chief Executives Board for Coordination（CEB））に参加して，加盟国がともに目標を達成していくために国連システム全体の調整を行っている。新型コロナウイルス感染症のパンデミックの中で頻繁に報道されたWHO，学校などを通じた活発な募金活動に支えられるUNICEF（ユニセフ）などは，日本でも多くの人に馴染みがあるかもしれない。ほかにもこれまで目にしたことのある機関名があるだろうか。

　またこのほか，国連の調査研修機関の一つである国連大学（UNU）は，東京都渋谷区に本部を構え，日本に本部を置く唯一の国連機関として知られている。

　国連は，国際社会が持続可能な未来を目指してさまざまな宣言を発信したり，ともに取り組む動きを促すための条約を採択したりする場にもなってきた。表6.2に，これまでに国連の全加盟国が参加する主要審議機関である総会で決議された国際宣言・条約の中から，特に人権，環境，平和といった，持続可能な世界の共創につながる重要な課題に関するものを抜粋，掲載する[2]。

　これらをみると，同じテーマ・課題について，宣言が発出され，後に条約が

~~~~~~~~~~~~~~~ **Exercise 6 − 1** ~~~~~~~~~~~~~~~

国連機関の役割

表6. 1に記された国連の主要機関のなかから一つ選び，以下について調べ，考え
てみよう。

　　①本部の所在地
　　②設立年，設立の経緯
　　③使命
　　④活動の内容
　　⑤この機関に関するニュース記事（タイトル・概要）
　　⑥この機関が存在しなければ，どのような問題が起き得るだろうか？

決議されている事例が多々あることに気がつく。国際社会として，その課題を
受け止め，取組みの重要性を宣言したうえで，さらに具体的な議論と交渉を重
ね，合意できた段階で実際の取組みを規定する条約の採択に至る。しかし，条
約ができても，それに署名，批准する選択は各加盟国に委ねられるため，すべ
ての国連加盟国が各条約に従うわけではない。ここに記載された条約の中にも，
たとえば2017年の核兵器禁止条約のように，日本政府は署名していないものが
含まれる[3]。

　これら宣言・条約の中でもわたしたちが生きる現代社会を支える重要な基盤
として共有されるのが「世界人権宣言」だ。国連が生まれて3年後の1948年12
月10日に採択されたこの宣言は，冒頭で「人類社会のすべての構成員の固有の
尊厳と平等で譲ることのできない権利とを承認することは，世界における自由，
正義及び平和の基礎である」とし，第一条に「すべての人間は，生れながらに
して自由であり，かつ，尊厳と権利とについて平等である。人間は，理性と良
心とを授けられており，互いに同胞の精神をもって行動しなければならない」，
第二条に「すべて人は，人種，皮膚の色，性，言語，宗教，政治上その他の意
見，国民的若しくは社会的出身，財産，門地その他の地位又はこれに類するい

表6.2 国連総会で決議された主要な国際宣言・条約

採択年	宣言・条約名
1945	国際連合憲章（国連憲章）(Charter of the United Nations: UN Charter)
1948	世界人権宣言（The Universal Declaration of Human Rights)
1951	難民の地位に関する条約（難民条約）(Convention Relating to the Status of Refugees: Refugee Convention)
1959	児童の権利に関する宣言（Declaration of the Rights of the Child)
1960	教育における差別を禁止する条約(Convention Against Discrimination in Education)
1963	あらゆる形態の人種差別の撤廃に関する宣言（人種差別撤廃宣言）(Declaration on the Elimination of All Forms of Racial Discrimination)
1965	あらゆる形態の人種差別の撤廃に関する国際条約（人種差別撤廃条約）(International Convention on the Elimination of All Forms of Racial Discrimination, ICERD)
1966	経済的，社会的及び文化的権利に関する国際規約(社会権規約)(International Covenant on Economic, Social and Cultural Rights: ICESCR)
1966	市民的及び政治的権利に関する国際規約（自由権規約）(International Covenant on Civil and Political Rights: ICCPR)
1967	女子に対する差別撤廃宣言（Declaration on the Elimination of Discrimination against Women)
1968	核兵器の不拡散に関する条約（核不拡散条約）(Treaty on the Non-Proliferation of Nuclear Weapons: NPT)
1971	特に水鳥の生息地として国際的に重要な湿地に関する条約（ラムサール条約）(Convention on Wetlands of International Importance especially as Waterfowl Habitat: Ramsar Convention)
1973	絶滅のおそれのある野生動植物の種の国際取引に関する条約（ワシントン条約）(Convention on International Trade in Endangered Species of Wild Fauna and Flora)
1974	新国際経済秩序の樹立に関する宣言（Declaration on the Establishment of a New International Economic Order)
1975	障害者の権利に関する宣言（Declaration on the Rights of Disabled Persons)
1978	平和に生きる社会の準備に関する宣言（Declaration on the Preparation of Societies for Life in Peace)
1979	女子に対するあらゆる形態の差別の撤廃に関する条約（女子差別撤廃条約）(Convention on the Elimination of all forms of Discrimination Against Women: CEDAW)

1981	宗教または信念に基づくあらゆる形態の不寛容及び差別の撤廃に関する宣言（Declaration on the Elimination of All Forms of Intolerance and of Discrimination Based on Religion or Belief）
1982	世界自然憲章（World Charter for Nature）
1982	国際の平和および協力の促進における女性の参画に関する宣言（Declaration on the Participation of Women in Promoting International Peace and Cooperation）
1984	人民の平和への権利についての宣言（Declaration on the Right of Peoples to Peace）
1986	発展の権利に関する宣言（Declaration on the Right to Development）
1989	児童の権利に関する条約（子どもの権利条約）（Convention on the Rights of the Child : CRC）
1993	女性に対する暴力の撤廃に関する宣言（Declaration on the Elimination of Violence Against Women）
1997	平和の文化に関する宣言（Declaration on a Culture of Peace）
1998	労働における基本的原則及び権利に関するILO宣言（ILO Declaration on Fundamental Principles and Rights at Work）
2000	国連ミレニアム宣言（United Nations Millennium Declaration）
2006	障害者の権利に関する条約（障害者権利条約）（Convention on the Rights of Persons with Disabilities）
2007	先住民族の権利に関する国際連合宣言（Declaratioion on the Rights of Indigenous Peoples : UNDRIP）
2011	人権教育および研修に関する国連宣言（United Nations Declaration on Human Rights Education and Training）
2016	平和への権利宣言（Declaration on the Right to Peace）
2017	核兵器禁止条約（Treaty on the Prohibition of Nuclear Weapons : TPNW）

かなる事由による差別をも受けることなく…」とうたう（巻末に全文掲載）。その後，1966年には「経済的，社会的，文化的権利に関する国際規約」と「市民的，政治的権利に関する国際規約」が国連で採択され，宣言の内容が法的にも拘束力のあるものとして共有されている。

~~~~~~~~~~~~~~ **Exercise 6 - 2** ~~~~~~~~~~~~~~

条約とはなにか

表6.2に記された条約の中から関心のあるものを一つ選び，以下について調べ，
考えてみよう。

① 条約の内容
② 署名・批准している国
③ 発効の条件※多くの条約が，批准国の数など，発効の条件を定めている
④ （未批准国について）批准しない理由※特に，日本が批准していなければ
  それはなぜか？
⑤ （批准国について）この条約が国内の状況に及ぼした影響※特に，日本が
  批准していればどのような影響があったか？
⑥ なぜこの条約が必要なのか？
⑦ この条約にかかわる活動をしている市民団体があるか？ どのような活動
  をしているか？（国内の団体・国際的な団体，どちらでも）

　さらに，表6.3には，国連の総会以外の会議で採択された宣言，条約，文書
等の中で，特に持続可能な未来へ向けた国際共創に深く関わるものを示す。

3．持続可能な世界の共創へ向けた国連と市民社会の連携

　国連は，各国政府が加盟する組織だが，先に『2030アジェンダ』にもあった
ように，世界の共創のためには政府だけでなく市民社会や民間セクターとの
パートナーシップが欠かせないことが強く認識されてきている。表6.3に記さ
れたような国際会議の場でも，市民社会が大きな役割を果たしてきた。

　まず，国連憲章第71条には，国連の主要機関の一つ経済社会理事会（ECOSOC：
Economic and Social Council）が「民間団体と協議するために，適当な取極を行
うことができる」と定められている。国連では，こうした民間団体を政府と区
別するために「非政府組織（NGO：Non-governmental Organization）」と呼び，
この呼称は日本でも広がったが，近年ではより積極的に市民の力を表す「市民

表6.3　持続可能な世界の共創につながる主要な国際会議・採択文書等

採択年	国際会議名	採択文書等
1972	国際連合人間環境会議（ストックホルム会議）（UN Conference on the Human Environment）	人間環境宣言（ストックホルム宣言）（Stockholm Declaration） 環境国際行動計画（Action Plan for the Human Environment）
1987	環境と開発に関する世界委員会（ブルントラント委員会）（World Commission on Environment and Development（WCED））	我ら共有の未来（Our Common Future） ※「持続可能な開発」の概念を広げる
1992	環境と開発に関する国連会議（リオサミット・地球サミット）（UN Conference on Environment and Development（Rio Summit/ Earth Summit）	環境と開発に関するリオデジャネイロ宣言（リオ宣言）（Rio Declaration on Environment and Development）
		アジェンダ21（Agenda 21）
		気候変動に関する国際連合枠組条約（気候変動枠組条約）（United Nations Framework Convention on Climate Change：UNFCCC） ※この会議で署名を開始
		生物の多様性に関する条約（生物多様性条約）（Convention on Biological Diversity：CBD） ※この会議で署名を開始
2002	持続可能な開発に関する世界サミット（ヨハネスブルグサミット）（World Summit on Sustainable Development）	持続可能な開発に関するヨハネスブルグ宣言（Johannesburg Declaration on Sustainable Development）
2012	国連持続可能な開発会議（リオ＋20）UN Conference on Sustainable Development（Rio＋20）	我々の求める未来（The Future We Want）
2015	国連持続可能な開発サミット（UN Sustainable Development Summit）	私たちの世界を転換する：持続可能な開発のための2030年アジェンダ（Transforming Our World：2030 Agenda for Sustainable Development） ※持続可能な開発目標（Sustainable Development Goals：SDGs）を定める

社会組織（CSO：Civil Society Organizations)」がよくつかわれる。経済社会理事会から協議資格を認められた CSO は，国連に対する助言や提言を行う権利を得ることができる。また，国連グローバル・コミュニケーション局や，ほかにもさまざまな国連専門機関が独自に CSO と連携関係を結んでいる。

Exercise 6 - 3

CSO（NGO）と国連

経済社会理事会（ECOSOC）や国連グローバル・コミュニケーション局と協力関係を結んでいる CSO（NGO）の中から一つ選び，以下について調べたり考えたりしてみよう。

　①団体の名称，所在地，設立年
　②活動内容
　③国連に対してどのような活動や働きかけをしているか？
　④国連にこの団体が関わることにより，社会全体にどのようなメリットが生まれるか？
　⑤自分がこの団体の一員なら，国連に対してどのような働きかけを行うか？

※国連と連携する NGO のうち日本に本部を置く組織のリスト，
https：//www.unic.or.jp/links/ngo/（国際連合広報センターウェブサイト）（最終アクセス 2023年11月25日）

※国連グローバル・コミュニケーション局の提携 CSO リスト，
https：//www.un.org/en/civil-society/list-csos-associated-department-global-communications（United Nations：Civil Society（国連・市民社会）ウェブサイト）（最終アクセス 2023年11月25日）

　また，持続可能な世界を国連と民間団体で共創するために，「国連グローバル・コンパクト (UN Global Compact)」というしくみもある。これは，1999年，当時の国連事務総長のコフィ・アナンが世界経済フォーラムで「民間企業のもつ創造力を結集し，弱い立場にある人々の願いや未来世代の必要に応えていこうではありませんか」[4]と呼びかけたことをきっかけに，2000年に発足したネットワークで，「4分野・10原則」に賛同する企業や団体が参加する。2023年現在，参加企業・団体は世界で23,000以上にのぼる[5]。2003年には，日本の国内ネットワークとして「グローバル・コンパクト・ネットワーク・ジャパン (GCNJ)」が誕生し，2023年11月現在，586の企業・団体が参加し，各種セミナーやシンポジウム，勉強会などを開催している[6]。

4．持続可能な世界の共創へ向けた市民の連帯

　ここまで，国連というシステムを通じたグローバル・パートナーシップのしくみをみてきたが，市民社会が政府を介さず築くネットワークも，持続可能な世界の共創を支える重要な役割を果たしている。

　2017年のノーベル平和賞を受賞した核兵器廃絶国際キャンペーン (ICAN: International Campaign to Abolish Nuclear Weapons) は，同年の国連・核兵器禁止条約の成立に大きな役割を果たした，世界のCSO (NGO) の連合体である。2007年，オーストラリアで核戦争防止国際医師会議 (IPPNW) が基盤となって発足し，2011年にスイス・ジュネーブに国際事務局を設置，核兵器を禁止するためのキャンペーンを実施してきた。日本のCSO (NGO) であるピースボートが，世界の10団体の一つとして国際運営グループを担う[7]。2023年現在の参加団体は110ヵ国の650団体で，日本からは，ピースボートのほか，ヒューマンライツ・ナウ，核政策を知りたいヒロシマ若者有権者の会（カクワカ広島），核戦争に反対する医師の会などが参加している[8]。

　近年，特に発展しているのが，グローバル課題として深刻さが増す気候変動に危機感を共有する市民の国境を越えた連帯だ。たとえば，「Fridays For Future（未来のための金曜日）」は，若者たちの世界的ネットワークに基づく運動

表6.4　国連グローバル・コンパクトの4分野10原則

分　　野	原　　則
人　　権	国際的に宣言されている人権の保護を支持，尊重し，
	自らが人権侵害に加担しないよう確保すべきである
労　　働	結社の自由と団体交渉の実効的な承認を支持し，
	あらゆる形態の強制労働の撤廃を支持し，
	児童労働の実効的な廃止を支持し，
	雇用と職業における差別の撤廃を支持すべきである
環　　境	環境上の課題に対する予防原則的アプローチを支持し，
	環境に関するより大きな責任を率先して引き受け，
	環境にやさしい技術の開発と普及を奨励すべきである
腐敗防止	強要と贈収賄を含むあらゆる形態の腐敗の防止に取り組むべきである

出典：GCNJ ウェブサイトより

である。2018年8月，当時15歳だったスウェーデンのグレタ・トゥーンベリが，「学校ストライキ」として，国会前に座り込み気候危機への対応を訴えたことから始まった。グレタの行動に共感し集まった若者たちは，さらに「#FridaysForFuture」というハッシュタグで世界中の若者に連帯を呼びかけ，それに呼応した若者たちが世界各地の議会前へ運動を広げた。日本では，2019年2月に国会議事堂前に15人が集まり，その後，国内各地に支部が誕生している[9]。

　先にみた数々の国際条約には，締約国会議（Conference of the Parties：COP）という，各国の取組みの状況を確認し国際連携を推進するための機会が設置されている。「青年環境NGO Climate Youth Japan」は，気候変動枠組条約の第15回締約国会議（COP15）に参加した若者たちが2010年に立ち上げた団体だ。毎年開催されるCOPやその直前に開かれる若者会議（Conference of Youth：COY）へのメンバー派遣や勉強会を通じて，若者の力を高め，国内でも政策提言や意識啓発等の活動を展開している[10]。

　気候変動と並ぶグローバル課題として緊急性を増す生物多様性保全についても，若者の国際連帯が進む。「Global Youth Biodiversity Network（GYBN）」

は，生物多様性条約に基づく国際交渉に若者の声を反映させるとともに，世界の若者の意識向上，生物多様性保全に向けた世界の若者の連帯を目標とした国際ネットワークだ。2010年，生物多様性条約の第10回締約国会議（COP10）が名古屋で開催され，31ヵ国から若者代表が参加した直後，GYBN Interim Steering Committee による議論が始まり，2012年，GYBN が公式に誕生した。日本からは「一般社団法人 Change Our Next Decade」がそのメンバーとして活動している[11]。

5．グローバル・シティズンとしてのわたしたち

　ここまで，持続可能な世界の共創に向けたグローバル・パートナーシップの例を，国連を通じた国と国の連帯，国連と市民社会の連帯，市民社会の国を越えた連帯の3つの視点から見てきた。

　では，わたしたち一人ひとりは，このグローバル・パートナーシップにどのように参画することができるだろうか。

　わたしたちは誰もが，世界に暮らす一人の市民，すなわちグローバル・シティズンである。世界のあらゆる課題は，わたしたちの暮らしとなんらかのかたちでつながっている。そしてそれは，世界のあらゆる課題の解決に，わたしたちがなんらかのかたちで貢献できることを意味する。

　たとえば，気候変動について考えてみよう。まず，気候変動の影響は，あなたの暮らしとどのようにつながっているだろうか。国連機関の世界気象機関（WMO）と国連環境計画（UNEP）が，気候変動政策に科学的根拠を与えることを目的に1988年に設置した「気候変動に関する政府間パネル（IPCC：Intergoevrnmental Panel on Climate Change）」によれば，世界の平均気温は1850年から2020年の70年間で既に1.09℃上昇していることが明らかになっている[12]。そしてその影響は，日本でもすでに，熱中症の増加，短時間強雨や渇水，強い台風，大規模土砂災害など自然災害の増加，農作物の品質低下や収量減少といったかたちで現れている。あなたは暮らしの中で，こうした影響を実感した経験があるだろうか。今後，こうした影響が自分の暮らしになんらかの問題を引き起こ

す可能性は考えられるだろうか。

　次に，気候変動を引き起こす原因は，あなたの暮らしとどのようにつながっているだろうか。気候変動は，人間活動による温室効果ガスの排出によって発生していることがわかっている。最も主要な温室効果ガスである二酸化炭素は，主に化石資源の燃焼によって生じる。わたしたちの生活のなかで直接的に化石燃料を使うのは，ガソリン車に乗ったり，ガスで湯を沸かしたり料理をしたりといった場面だ。しかし，実はわたしたちが温室効果ガスを排出する機会はそれに限らない。たとえば，石炭や石油を燃やす火力発電によってつくられた電気を使用すれば，温室効果ガスの排出に寄与することになる。さらに，わたしたちが暮らしの中でさまざまな製品やサービスを消費することは，その製品やサービスに関わる資源の採掘，素材の生産，製品の組立，輸送，使用，廃棄に至るプロセスのなかでの化石燃料の使用によって，間接的に温室効果ガスの排出につながっている。つまり，あなたが起きてから寝るまで，顔を洗い，食事をとり，ごみを出し，衣服を着て，電化製品を使い，交通機関を用い，物を買い，サービスを受け，風呂に入り…といったあらゆる場面が，温室効果ガスの排出につながっている。

　それでは，こうした原因を減らすために，あなたにできることはなんだろうか。まずは，自らが排出する温室効果ガスを削減することが考えられるだろう。自宅で消費するガスや電気を節約し，移動には自家用車よりも公共交通機関を用い，無駄な消費をやめ，生産から廃棄の過程でより排出量の少ない物を選んで買い，ごみの量も減らし，さらに再生可能エネルギーを提供する電力会社を選ぶといった行動があり得る。これらはつまり，消費者としての行動である。

　しかし，あなたにできることはそれだけではないし，こうした個人の心がけだけでは排出は止められない。仲間に呼びかけて，組織や地域での行動を進めることで，より大きな効果を得ることができる。自分が所属する組織や職場全体で，省エネや再生可能エネルギーへの転換，調達する製品やサービスの選択，顧客や関係する企業・団体などへの気候変動対策 PR などを進めること，またそのために組織内で学習会や情報共有に取り組むことなどが考えられる。さら

に，自分が暮らす地域で，仲間をつくり，温室効果ガスの削減につながるしく
みをまちぐるみで創造することもできる。地域内の再生可能エネルギーによる
電力の地産地消を目指したり，地域内で農作物を育てる食べ物の地産地消を進
めたり，学習会や情報共有，対話の場を広げていくことで，自分一人での行動
よりもはるかに大きな成果につなげていくことができる。

　また，主権者として，温室効果ガス削減につながる政策を促すために，適切
な政治家に投票したり，自治体や政府に対策を訴えたりすることもできる。周
囲の人々に呼びかけて署名を集めたり，行政による関連事業のパブリック・コ
メントに提出したり，関係する委員会などの公募委員として手を挙げたり，市
民団体に参加，または団体を創設して政策を提言していくといった行動も考え
られる。

　上記のように，消費者として，組織や地域の一員として，主権者として行動
することは，気候変動に限らず，どのような課題に対しても，同様に考えるこ
とができる。

　そして，これらすべての段階における行動は，上でみてきた世界の連帯につ
なげていくことができる。自らの取組みを SNS などで世界へ発信することは
もちろん，個人，組織，地域として，本章でみてきたようなさまざまなグロー
バル・パートナーシップを支えるネットワークに参加して，経験を共有し，互
いに励まし合い，ともに行動していくことができる。

　わたしたち一人ひとりが，グローバル・シティズンとして，つながり，とも
に行動すること。それが，世界を，地域を，そしてわたしたちの暮らしを，よ
り豊かに，健全に，変えていくのである。

　本章では，持続可能な世界の共創に向けたつながりを，国連システムを通じ
た国家間のパートナーシップ，国連と市民社会のパートナーシップ，国境を越
えた市民のパートナーシップという 3 つの視点から確認し，グローバル・パー
トナーシップのなかに参画するグローバル・シティズンとしての自分について
考えた。グローバルな問題の原因と影響がそれぞれわたしたちの暮らしとつな
がっている状況は，気候変動という課題に限らずさまざまにある。本書の中で

Exercise 6 - 4

グローバル課題とパートナーシップ

グループまたは個人で以下に取り組もう。

① 紙の真ん中に「気候変動」（または他のグローバル課題）と書く。

② 気候変動または他のグローバル課題を取り巻く世界の「問題」（原因・影響の両方）を決まった色の付箋に書き出す（１枚の付箋に一つの事柄を簡潔に記入する）

③ 付箋を紙の上に貼る（グループで実施する場合は，一人一枚ずつ付箋を紹介し，類似する付箋は近くに集めながら，貼りだし共有する）

④ 全体を見渡し，新たに気が付いた「問題」を追加する

⑤ 「問題」に関係する「自分たちの暮らしの場面」（気候変動であれば，その影響を受けている場面・温暖化ガス排出につながる場面）について考え，別の色の付箋に書き出し，紙上の対応する問題の近くに貼る

⑥ 「問題」に関する「解決へ向けた世界の取り組み」（国際会議，条約，協定，市民や企業のネットワークなど）について調べ，別の色の付箋に書き出し，対応する「問題」の近くに貼る

⑦ 「問題」に対して「消費者」「組織人」「地域住民」「主権者」としてできることを別の色の付箋に書き出し，対応する「問題」の近くに貼る

⑧ 貼りだされた付箋を整理しまとめる（カテゴリーごとに線で囲み，関係するカテゴリーを矢印や線でつなぐ）

⑨ できあがった関係図をみながら，以下の問いについて考えよう

✓ 自分の暮らしとグローバル課題はどのように関係しているか？

✓ グローバル課題の解決に，グローバル・パートナーシップが不可欠なのはなぜか？

✓ 自分はグローバル・シティズンとして，どのような行動をとりたいか？

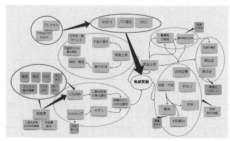

はファッションや人の移動といったテーマも紹介されたが，ほかにも，ぜひそれぞれの関心から，グローバル課題と自らの暮らしのつながりをみて，消費者として，主権者として，そしてローカルな地域や組織の一員としての行動を，持続可能な世界の共創に位置づけて進めていこう。わたしたちはみな，地域と世界に生きる一人であり，地域と世界を変える力を持っているのだから。

✎　注

(1) 「国際連合憲章」の全文日本語訳は，国際連合広報センターウェブサイトで確認できる（https://www.unic.or.jp/info/un/charter/text_japanese/）。

(2) "Conventions & Selected Declarations Adopted by General Assembly Resolutions, UN General Assembly Resolutions Tables, Research Guides at Dag Hammarskjöld Library"（https://research.un.org/en/docs/ga/quick/conventions）に掲載されている国連総会決議によって採択された条約や宣言の抜粋。

(3) 日本政府は『外交青書2018』の中で，「核兵器禁止条約と日本政府の考え」として，「日本は唯一の戦争被爆国であり，政府は，核兵器禁止条約が目指す核兵器廃絶という目標を共有」しているとしつつ，「核兵器を直ちに違法化する条約に参加すれば，米国による核抑止力の正当性を損ない，国民の生命・財産を危険に晒すことを容認することになりかねず，日本の安全保障にとっての問題を惹起」すると説明し，「現実の安全保障上の脅威に適切に対処しながら，地道に，現実的な核軍縮を前進させる道筋を追求することが必要」だと主張している。

(4) Global Compact Network Japan（GCNJ）「ウェブサイト「組織概要：国連グローバル・コンパクトについて」グローバル・コンパクト・ネットワーク・ジャパン」
https://www.ungcjn.org/gcnj/about.html。

(5) UN Global Compact ウェブサイト
https://unglobalcompact.org/（最終アクセス　2023年11月25日）。

(6) Global Compact Network Japan（GCNJ）ウェブサイト
https://www.ungcjn.org/gcnj/about.html（最終アクセス　2023年11月25日）。

(7) Peace Boat ウェブサイト「ICAN（核兵器廃絶国際キャンペーン）とは？ノーベル平和賞受賞の背景を解説します」
https://peaceboat.org/21213.html（最終アクセス　2023年11月25日）。

(8) ICAN ウェブサイト
https://www.icanw.org/（最終アクセス　2023年11月25日）。

(9) Fridays For Future ウェブサイト
https://fridaysforfuture.org/，Fridays For Future Japan ウェブサイト，
https://fridaysforfuture.jp/（最終アクセス　2023年11月25日）。

⑽　青年環境 NGO Climate Youth Japan ウェブサイト

　　https：//www.climateyouthjp.org/（最終アクセス　2023年11月25日）。

⑾　Global Youth Biodiversity Network ウェブサイト

　　https://www.gybn.org/，一般社団法人 Change Our Next Decadeウェブサイト，

　　https://condx.jp（最終アクセス　2023年11月25日）。

⑿　IPCC 第 6 次評価報告書による。「AR 6 第 2 作業部会の報告『気候変動─影響・適応・

　　脆弱性』「政策決定者向け要約」環境省による確定訳」参照。

　　https：//www.env.go.jp/earth/ipcc/6th/index.html（最終アクセス　2023年11月25日）。

📖　引用・参考文献

第70回国連総会（2015）『我々の世界を変革する：持続可能な開発のための2030アジェン
　　ダ（2030アジェンダ）』。

外務省（2018）「第 3 章　国益と正解全体の利益を増進する外交，4 軍縮・不拡散・原子
　　力の平和的利用：特集　核兵器禁止条約と日本政府の考え」，『外交青書2018』
　　https：//www.mofa.go.jp/mofaj/gaiko/bluebook/2018/html/chapter3_01_04.html#T0
　　12（最終アクセス　2023年11月25日）。

終　章　地域と世界を創るわたしたちの
シティズンシップ

1．つながり，しがらみの中で

　本書では，わたしたちが働きかける対象としての地域と世界について理解を
深めてきた。くり返し強調されたのは，一人ひとりの日常生活が地域や世界の
つながりの中にあることへの気づきと，気づきを行動につなぐことの大切さで
あった。地域や世界とのつながりの中に自分の存在や今の暮らしを位置づける
ことは，あなたの自己理解を深めることでもあったのではないだろうか。

　同時に，地域や世界とのつながりは，ある意味ではしがらみに感じられたか
もしれない。どれだけ自由や孤高を求めても，結局のところ網の目のように張
り巡らされたつながりという制約の中で，地域や世界の影響を否応なく受けな
がら，わたしたちは自分の人生を生きていく。白紙のキャンパスに好きなよう
に描くことができるほど，わたしたちの生は自由ではない。

　この社会が誰にとっても逃れることのできないしがらみであるなら，仲間と
ともに行動し，地域や世界を少しでも良い方向に変えることで，あなた自身の
生きやすさが増すかもしれない。それは同時に，この世界で生きているまだ見
ぬ彼ら彼女らの生きやすさをも増すことになるのだろうか。

　終章では，シティズンシップをめぐる議論に立ち戻りながら，地域や世界の
中で生きる「わたしたち」について改めて考えてみたい。具体的には，わたし
たちが多重的なシティズンシップをもつことを確認した上で，国家と市民の関
係という残された課題について，日常の暮らしの中で向き合うためのヒントを
提案する。

2. 多重的なものとしてのシティズンシップ

　本書では，自らが暮らす地域社会を見つめ，多様な人々の目線に立って，地域の課題を発見し，理想の地域を描き，その実現についてそれぞれの立場から参画していくこと，および，グローバル社会の現実を客観的に理解するとともに，自分自身のアイデンティティを認識し，多様な他者と世界をともに創る力を得ることを目指してきた（序章参照）。市民としての態度や力量をシティズンシップ（市民性）として位置づけるために，ローカル，ナショナル，リージョナル，グローバルといった異なる地理的レベルの中から，本書ではローカル（地域）とグローバル（世界）に特に着目して考えてきた。

　あらためて確認すると，地域とは固定的なものではなく，そこに含まれる「もの・ひと・こと」とともに，自在に伸縮する概念である。日常生活を過ごす近隣コミュニティ，公立小学校や中学校の通学区域になる校区コミュニティ，また，市町村や都道府県を単位とした地域コミュニティなど，わたしたちにとっての地域は自分の立場や年代，場面に応じてその意味する範囲を変えている（第2章参照）。学校の校則に「児童生徒だけで校区外に行ってはいけない」とあれば，たとえ標識がなくても校区コミュニティの境界を意識するだろう。市町村対抗のスポーツ大会で市町村の代表選手だった人が今度は都道府県の代表選手となる場合，「○○市の代表として」という思いは，「○○県の代表として」，さらには「日本の代表として」という意気込みに矛盾なく転換されるのではないだろうか。すなわち，わたしたちは地域に対して複数の帰属意識やアイデンティティをもっており，状況に応じてそれらを使い分けながら地域で暮らしていることがわかる。ローカルからナショナルの間は，重層的につながっている。

　同様に，国民としてのアイデンティティからグローバルな地球市民としての自覚の間にも，重層的な帰属意識があり得る。国家をまたがってアジア，欧州，中南米，アフリカなど，政治的，経済的，社会文化的，地理的なまとまり（リージョナル）はさまざまな場面で経験されており，欧州連合（EU）や東南アジア諸国連合（ASEAN）などの組織を通じた統合も進められている。シティズン

シップにおいては，単一的なグローバル社会というよりも，幾重にも重なった
「複数の社会」の包摂としてグローバル社会が成り立っているという実際を踏
まえる必要がある（北村，2016：6-8）。あなた自身にとって，国民というア
イデンティティのほかに，東アジアの一員やアジアの一員というアイデンティ
ティはどのように感じられているだろうか。

　このように，わたしたちは単一の地域や単層の世界に暮らしているのではな
い。地域に対しても世界に対しても多重的なアイデンティティをもち，時にそ
の間で矛盾や葛藤を抱えながら，それぞれの社会の構成者たるシティズン（市
民）としてさまざまな価値判断や選択，行動をすることが期待されている。グ
ローバルな社会を生きる「わたし」とは，複数の顔をもつ存在なのだ。

3．ナショナル（国家）と市民の関係をめぐって

　ローカル，ナショナル，リージョナル，グローバルといった異なる地理的レ
ベルの中でも，とりわけナショナル（国家）と市民の関係はシティズンシップ
を考える上での重要な課題である。国民・国家と市民の関係については，本書
では十分に扱うことができていないが，国民が国家を担うという単純な図式で
あれば，国民形成がそのままシティズンシップ形成に置き換えられることにな
る。国家という枠組みやその力が依然として大きいことは，昨今のパンデミッ
ク・戦争・移民等への対応をめぐってむしろ強く意識されるようになってい
る。人や物の移動や交流が盛んになってもなお，国境や国籍による線引きはと
りわけ有事の際に可視化されることを，わたしたちは経験している。

　しかし，今日の社会において，シティズンシップが常に国家に帰属するほど
単純でないことはここまで説明されてきた通りである（第1・3・6章参照）。
そこで最後に，わたしたちが無意識に前提に置きがちな国民や国家を基礎単位
とする発想を相対化するためのヒントについて，2つ提示しておこう。

(1)　歴史に学ぶ：「寄りあい」という対話の手法
　近代におけるシティズンシップとは，個人を社会の存在に先立つ自然権の担

い手であるととらえ，個人の権利実現の手段として国家が存在するとするもの
である（宇野，2011：88）。そのなかで，国民は主権者として位置づけられ，公
教育制度を通じて国民形成が図られてきた。しかし，近代以前，すなわち，選
挙制度や公教育制度が成立する以前の時代から，人間は社会を作り共同で暮ら
しを営んできた。そこでは，現代のわたしたちとはちょっと違ったやり方で，
地域共同体での意思決定が行われてきた。

　「寄りあい」という言葉を聞いたことがあるだろうか。『広辞苑（第七版）』（岩
波書店，2018）によると，寄りあいとは会合や集会を指すが，定義に「室町時
代，農民の自治的な会合（惣）」を含むように，日本の地域共同体が継承して
きた意思決定の場や仕組みである。地域における「寄りあい」は，そこに集う
住民が熟議し満場一致で意思決定をする「民主主義」の方法の一つとして紹介
される。代表例としてよく取り上げられるのが，宮本常一（民俗学）が1950年
に調査した対島地域（長崎県）での記録である。

　宮本が調査中に村の老人に資料を借りたいと頼んだところ，その可否につい
て皆の意見を聞くために寄り合いにかけるという。ところが，寄り合いに出か
けた者はなかなか帰ってこない。そこで，宮本は寄りあいの場に出かけていき，
次のような説明を聞くことになる。

　　　事情を聞いてみると，村でとりきめをおこなう場合には，みんなの納得の
　　　いくまで何日でもはなしあう。はじめには一同があつまって区長からの話
　　　をきくと，それぞれの地域組でいろいろに話しあって区長のところへその
　　　結論をもっていく。もし折り合いがつかなければまた自分のグループへも
　　　どってはなしあう。（宮本，1984：13）

なんて非効率な，と思うかもしれない。しかも，「話といっても理屈をいう
のではない。一つの事柄について自分が知っているかぎりの関係ある事例を挙
げていくのである」（宮本，1984：17）というのだから，単なる無駄話ではと疑
いたくもなるだろう。このように，現在の社会で望ましいとされる論理的で合

理的な議論の作法とは大きく異なる方法で，地域共同体の意思決定は進められていたという。それはなぜだったのだろう。

　　話の中にも冷却の時間をおいて，反対の意見が出たら出たで，しばらくそのままにしておき，そのうち賛成意見が出ると，また出たままにしておき，それについてみんなが考えあい，最後に最高責任者に決をとらせるのである。これならせまい村の中で毎日顔をつきあわせていても気まずい思いをすることはすくないであろう。と同時に寄りあいというものに権威があったことがよくわかる。(宮本，1984：20-21)

　流動性が低い村落の人間関係では，意思決定の後にも連綿と続く共同体での暮らしがある。賛成や反対で住民を二分したり，住民間に禍根を残したりしないためには，結論を急がず総意をつくり出すことがいかに重要だったかは容易に想像されるだろう。世界に目を向けても，それぞれの地域や共同体で多様な意思決定の方法が編み出されてきた（このことに関心がある人には，国家のない社会を主たる研究対象としてきた人類学を紐解くことをお勧めしたい）。
　このような近代以前の意思決定の営みには，もちろん課題もある。しかし，少なくとも次の2点については，現代社会を生きるわたしたちにとって示唆的である。一つ目は，地域共同体においては，権力者による一方的な決定に依らず，共同体の中の決定的な対立や確執をできるだけ避けながら，総意としての意思決定を図ることが，地域共同体を穏便に運営し持続させる知恵として実践されてきたということである。このような方法が，特定の国や地域だけではなく，世界各地の共同体で実践されてきた。「異なる意見を調停し，妥協をうながしていく対話の技法。それこそが民主的な自治の核心にある」(松村，2021：158)。そうであるなら，社会の仕組みが異なっても，共同体を運営していくための知恵は，時代や地域を超えて人間社会が共有できる財産であるといえそうだ。
　2つ目は，地域コミュニティの運営とは，為政者や権力者による指示や命令

だけで成るものではなく，また，一揆や米騒動など記録に残る特定の出来事で説明されるものでもなく，「ふつうの人びと」である庶民の日常の暮らしに埋め込まれた営みであったということである。いつの時代も歴史を創ってきたのは「ふつうの人びと」の日常的営為であったし，それは現代社会で求められているわたしたちの役割へとつながっている。

　グローバル化が進む今日，あらゆる場所に多様な人がいることを前提にして，決定的な対立や確執を避けながら意思決定を進める必要はますます高まっている。そして，それがいかに困難な課題であるかは，紛争や対立，排除，差別など日々報道されている時事ニュースが示すとおりだ。もしあなたが，現代社会の中でシティズンシップを実践する困難に気づき，その困難に立ちすくんだ時には，現在とは異なる社会の仕組みの中で蓄えられた共同体の知恵について，歴史に学ぶという方法があることを思い出してほしい。

(2)　挑戦に学ぶ：もう一つの社会を創り出す市民の参画

　国家を基礎単位とする社会の捉え方を相対化する試みは，現代社会ではオルタナティブな社会を創り出す挑戦として位置づけられる。ここでは，国家単位で捉えられてきたものをより身近な暮らしの単位に取り戻し，市民の参加を通じて新たな社会秩序を創り出していこうとする運動を紹介する。いずれも，複数の国や地域で同時並行している現在進行形の取り組みである。取り組みの成否や意義を判断する前に，まずはキーワードを手がかりに，報道ニュースや関連団体による発信などを調べてみよう。

①ミュニシパリズム：公共を取り戻す

　ミュニシパリズム（地域主義・自治体主義・地域主権主義）とは，「地域で住民が直接参加して合理的な未来を検討する実践によって，自由や市民権を公的空間に拡大しようとする運動」であり，「普通の人が地域政治に参画することで，市民として力を取り戻すことを求め，特にトップダウンの議会制民主主義に挑戦する」取り組みを指す（岸本，2023：53）。21世紀は，わたしたちが生き

るのに不可欠なものとして政府が担ってきた公共サービス（水道，電力，教育，交通，医療福祉，住宅，自治体サービスなど）の民営化（私営化）が進み，採算性重視や受益者負担など営利の論理で運営されるようになっている。このような状況に対して，住民の積極的な参加を通じてそれらを再び公営化し，公共の役割と力を取り戻そうとする動きがミュニシパリズムであり，ヨーロッパを中心に広がりつつある。

　どの国においても，最小単位である基礎自治体は国家や大企業によってその政策を方向づけられているのが現状だ。しかし，その中でも，住民の暮らしを優先する政治を市民参加型で基礎自治体が追求することで，住民を主体とした公共を再生しようという考えを共有する自治体（Fearless Cities：フィアレス・シティ，恐れない自治体）が登場している。

　具体例を紹介する紙幅はないが，ミュニシパリズムに関わる実践は，公共とは何か，国家の役割とは何か，そして，市民は地域政治への参加を通じて何をどこまで決めることができるのか，というシティズンシップに関わる多くの問いかけを含んだ挑戦といえそうだ。

②社会的連帯経済

　上記の動きとも関わって，経済のあり方を問い直す動きもある。社会的連帯経済は，20世紀前半からの歴史をもつ「社会的経済」（営利企業ではなく，民主的な組織ガバナンスを基盤にした協同組合や共済組合などで構成される経済活動・組織概念）と，1990年代ごろから登場する「連帯経済」（取り残された貧困層が自力で問題を解決しようと作り出してきた経済活動・運動概念）の合成語である（工藤，2020：80，藤井，2022：36-37）。その実態は多岐にわたるが，地域通貨やエコマネーなどの補完通貨，時間銀行，マイクロ・クレジット，地産地消，生活協同組合（生協）や労働者協同組合（ワーカーズコープ）などが地域のニーズから立ち上げる小さな事業，再生エネルギーなどを組み合わせた循環型の地域づくりなど，日本にも多くの実践が見出される。

　世界では，理念を共有するグローバルなネットワークを形成しながら，たと

えばスペインを舞台にして，地域の中で多様な団体や実践が「連帯」し，地域での暮らしの総体を変えようとする試みが活性化している（工藤，2020）。シティズンシップを発揮する市民たちの参画の様子から，地域を創ることと世界を創ることが同時に進むダイナミズムを感じることができるだろう。

4．意味ある関係を創り出すパブリック・アチーブメント

　自分の現在地を知るためには，縦軸と横軸が必要である。縦軸とは時間軸であり，来し方（過去）を学び，行く末（未来）を「見通す」ことで，自分の現在地を知ることができる。他方，横軸とは空間軸であり，自分の経験や理解と比較しながら他地域や他国を「見渡す」ことで，自分の立ち位置を認識することができる。この時間軸と空間軸が交わる座標に自分を位置づけることで，わたしたちはこの社会に足場を築く。

　本書では，空間軸を主として，地域と世界という面から現在地を理解してきた。地域も，世界も，さらにはそのつながり方も，現代社会では複雑さを増している。だからこそ，自分が深く関わりあっている場をきめこまかに見て，できるだけ多くの面から立体的に理解してみよう。無関係だと思っていた地域や世界も，あなたにとっての意味ある関係に見えてくるはずだ。

📖　引用・参考文献

藤井敦史ほか（2022）『地域で社会のつながりをつくり直す社会的連帯経済』新潮社。

小玉重夫（2016）『教育政治学を拓く：18歳選挙権の時代を見すえて』勁草書房。

岸本聡子（2023）『地域主権という希望：欧州から杉並へ，恐れぬ自治体の挑戦』大月書店。

北村友人ほか編（2016）『グローバル時代の市民形成（教育・変革への展望7）』岩波書店。

工藤律子（2020）『つながりの経済を創る：スペイン発「もうひとつの世界」への道』岩波書店。

松村圭一郎（2021）『くらしのアナキズム』ミシマ社。

宮本常一（1984）『忘れられた日本人（岩波現代文庫）』岩波書店。

宇野重規（2011）「デモクラシー」苅部直・宇野重規・中本義彦編著『政治学をつかむ』有斐閣。

補　章　地域から学ぶ・世界を創る
―パブリック・アチーブメント型シティズンシップ教育の実際

　ここからは，本書で紹介してきた，シティズンシップ教育の発展的理念・実践体系としての「パブリック・アチーブメント（PA）」が，具体的にどのように実践されているか，2つの大学の関連カリキュラムや授業風景を垣間見てみよう。

　一つ目は，PA が誕生した米国東部・ミネソタ大学の，食農自然資源科学部・Sustainable Agricultural and Food Systems（フーズシステム）専攻における実践である。モンタナ州立大学（米国），ブリティッシュコロンビア大学（カナダ）と共同で，持続可能な農業と食を実現するシステムに関する課題を解決するための「市民的（シビック）エージェンシー（civic agency）」の育成を軸にしたカリキュラムを開発，展開している。本来の PA の理念とツールを全面的に取り入れた具体的な実践過程を，教員の視点から紹介する。

　二つ目は，PA をおそらく世界で初めて全学必修教育として取り入れた東海大学の実践である。全国8つのキャンパスに23学部，62学科・専攻を設置し，約3万人の学生が在籍するこの大学では，2018年度から「PA 型教育」を全学導入し，PA に基づく教養教育を初年次必修科目を中心に構築した。PA の理念を共有しつつ，内容・実践については教室内での中～大規模授業という形態に沿い，本来の PA における具体的実践の前段階の導入教育として再編成している。ここでは，その全体像を概観するとともに，とくに本書のテーマである「地域から学ぶ・世界を創る」を扱う「地域理解」「国際理解」という2つの必修科目における教育実践を4件紹介する。

A. ミネソタ大学フーズシステムの取り組み
―世の中を変えられる人材の育成

花輪光ピーターソン（ミネソタ大学）

　ミネソタ大学食農自然資源科学部（College of Food, Agricultural, and Natural Resource Sciences 略称CFANS）には，多分野にまたがる Sustainable Agriculture and Food Systems（略してフーズシステム）という学士専攻がある。カリキュラム編成には，園芸学・アグロエコロジー学・農学・応用経済学・バイオシステム工学に所属する教員が関わっている。2018年から5年間の米国農務省の研究助成を受け，似たようなフーズシステム専攻のあるモンタナ州立大学とブリティッシュコロンビア大学と共同で，カリキュラム向上に取り組んだ。具体的には，フーズシステムが直面する課題と解決策を探求する以上に，解決策を実施できるスキルをもつ人材を育成しようと，カリキュラムにシビックエージェンシー（社会全体の改善に向けて他人と協働する能力）の習得を取り入れることに決めた。

　2019年6月に二日間のワークショップを設け，3校のカリキュラムに関わる教員がミネソタ大学構内に集まった。シビックエージェンシーを育成するためのパブリックアチーブメント教育を専門とし，中高学校や刑務所等，さまざまな現場の改善を手掛けてきたデニス・ドナヴァン氏を呼び，パブリック・アチーブメント（各自に周囲を変えられる能力があるとする考え）の概念，並びに実践に使われる要素を紹介してもらう。講義に組み入れられそうな要素はデニスが参加者を相手に実演してくれた。筆者をはじめ参加者の大半にとって耳新しい概念や用語を理解するのに，さかんに議論した。お互いの講義内容やシビックエージェンシーに関わる取り組みの現状も共有し，3校のうち取り組みが一番進んでいたブリティッシュコロンビア大学の体験は大いに参考になった。デニスはワークショップの後，各校を回って，それぞれの取り組みを手伝ってく

れた。

　ミネソタ大学のフーズシステムには必修講義が5つある。そのうち，FDSY 1016W Growing Food and Building Community と FDSY 2101 Plant Production Systems の2つは課程初期に履修し，FDSY 4101 Holistic Approaches to Improving Food Systems Sustainability は課程を締めくくるキャップストーンとして設定されている。残りの BBE 3201 Sustainability of Food Systems : A Life Cycle Perspective と筆者が担当する APEC 3202 An Introduction to the Food System : Analysis, Management and Design は課程中間に履修するようになっている。2023年現在，シビックエージェンシーの要素は5つのうち4つの講義に取り入れられている（表補.1）。2019年のワークショップ後，コロナ禍のオンライン指導を経て，教員各自で講義に取り入れやすいものを選択して実践してきたのだが，不思議と重複はない。専攻課程をとおして，シビックエージェンシーの習得が，パブリックワーク（社会改善に関わる勤め）の基礎，大学コミュニティでの実践，大学外での実践，と段階を追って構築されているようになっている。

　パブリックワークに不可欠である，他人と協働関係を築くには，お互いの self interest（自己を乗り気にさせる原動力）を見極め，協同できる分野を見極める必要がある。FDSY 1016W Growing Food and Building Community では，その第一歩として1対1の対話を課す。学生は普段は親交のない人間と対話し，その人の self interest と自分との共通する部分を分析し，報告する。対話を通じて，自分と異なる道を歩んできた人への敬意を習慣化し，多様な人たちと協働する力を養う。また対話している人との違いを良し悪しと決めつけるのではなく，そのまま受け入れ，どうしてそういった差異が生まれるのかを検証する。筆者も何人かの学生から要請されて，対話に参加しているが，尋ねられるままに自分がフーズシステムと関わるようになった経緯を話しているうちに，当人に思い当たることはあるようで面白い。

　フーズシステムを変えるには，フーズシステムに携わるさまざまな人々の視点・原動力や環境的背景の認識がなければならない。そういった認識と並行し

表補.1　ミネソタ大学フーズシステムで実施中のシビックエージェンシー構築

講義	シビックエージェンシー要素
FDSY 1016 W Growing Food and Building Community	1 対 1 の対話，コミュニティ訪問
BBE3201 Sustainability of Food Systems： A Life Cycle Perspective	フーズシステムの概念図の考察
APEC3202 An Introduction to the Food System： Analysis Management and Design	パワーマッピング，専門家のインタビュー
FDSY4101 Holistic Approaches to Improving Food Systems Sustainability	コミュニティ・プロジェクト

て，誰がどのような影響力を擁しているか把握する必要がある。BBE3201 Sustainability of Food Systems： A Life Cycle Perspective では学期の初めにフーズシステムの概念図を考察する。そして，学期末に同じ考察を繰り返し，当初見えなかったつながり，あるいは多様的な視点を見つけ，自分の成長として認識する。学生の多くは，数ヵ月の学期を経て，自分のフーズシステムの認識の深化の一部として，社会的政治的利害関係がフーズシステムに及ぼすさまざまな影響に気づかされる。

　パブリックアチーブメントの概念構成では，影響力（パワー）の源は主に財，地位，知識とされ，パワーマッピングは地理的に特定された時事問題に関して影響力のある団体や個人を描きだす。APEC3202 An Introduction to the Food System： Analysis Management and Design では，学期の大半を費やして，グループ毎に一つの時事問題を選んで研究する。期末の最後に研究成果を統合してプレゼンテーションと政策要領を作成するのだが，その前段階として準備されたいくつかの里程標的課題に，シビックエージェンシー関連の課題が二つ含まれている。一つはパワーマッピングで，もう一つは，作成したパワーマッピングの中から選定された個人に，専門的知識を得るためのリサーチインタビューを申し込み，インタビューを行うという課題である。このために，15週ある学期の 1 週間（合計150分）をパブリックアチーブメントの講義にあて，学生たちはそれぞれの研究テーマに応用したパワーマッピングを作成する（図

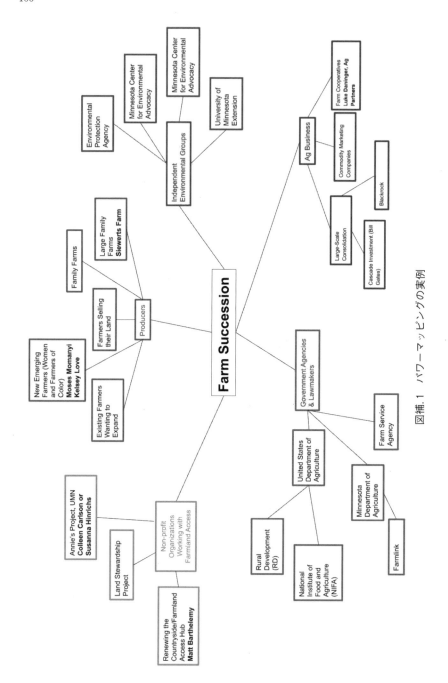

図補. 1 パワーマッピングの実例

補.1）。その後2週間の間に選定した専門家にインタービューを申し込み，用意した設問を手元に半時間くらい話を聞く。そして，インタビューの過程とそこから得た知識を報告書としてまとめる。期末のプレゼンテーションでは，ほとんどのグループがインタビューから得た情報を得意げに参照していて，生身の情報源の価値を体験しているのがわかる。

　ミネソタ大学CFANSの所在するミネアポリスと州都のセントポールのツインシティーズは，食農業界が盛んで，カーギルやジェネラルミルズといった大企業に加え，地産地消を推奨する消費者組合や非営利団体が活発である。専攻課程の最初の講義では地元のフーズシステムの現場を訪問して活動状況を見学する。専攻課程最後のFDSY4101 Holistic Approaches to Improving Food Systems Sustainability では，大学外でシビックエージェンシーを実践するべく，地元の企業・非営利団体の協力のもと，プロジェクトに関わる。受け入れ側によって学生たちの経験は異なり，あるグループはミネソタ州農務省のローカル部門とともに夏恒例のステートフェアでの展示のデザインとアクティビティの企画を手伝ったり，あるグループはファーマーズマーケットに出荷する農園の植栽を手伝ったり，またあるグループは学校区の給食に地産物を取り入れるお手伝いをしたり，とさまざまである。多くの学生がこの講義を履修する学期は卒業直前で大半の就職先が決まっているので，プロジェクトがそのまま就職につながったケースは少ないが，卒業後フーズシステムで活躍する上でのネットワーク作りに大いに貢献している。

　教員の立場から振り返ると，フーズシステムに限らず，社会に貢献できる卒業生を送り出すことは，高等教育の目的と根本的に一致していて，まったくの未知の分野であったパブリック・アチーブメントを組み入れていくことに前向きになれた。直接的な収穫は，自分自身の成長に加え，このカリキュラム関連のプロジェクトのおかげで，フーズシステムの同僚たちとの距離が縮まったことにある。試行錯誤も相談相手の仲間がいるから楽しい。また，それぞれが独自に工夫して取り組むことによってカリキュラム全体が向上していくというの

も意義的に重要であった。シビックエージェンシーの取り入れを学生たちはど
う捉えているのか，今後カリキュラム面から正式に把握していく予定である。
日本でのシビックエージェンシー育成のために，ミネソタ大学での取り組みが
少しでも参考になれば幸いである。

B. 東海大学のパブリック・アチーブメント型 シティズンシップ教育

1. 建学の精神とパブリック・アチーブメント

　東海大学の創設者・松前重義は，科学技術に携わる人間の思想が国や世界の行方を左右することを重視し，「思想を培う教育」「文科系と理科系の相互理解をめざした教育」を掲げた。この建学の精神は，現在の教育にも強く引き継がれ，専門分野を問わず文科系・理科系の双方を学ぶ「文理融合」教育と，社会とのつながりを重視する「社会的実践」教育がうたわれている。2018年度のカリキュラム改訂時，こうした理念をさらに発展させ，文理融合的な視野や考え方を持ち，地域やグローバル社会の課題を関係者と協同で解決できる創造的かつ能動的な市民の育成を目指す「PA型教育」が導入された。

　東海大学PA型教育は，基盤となる全学初年次必修科目，より実践的な経験を通じて社会的実践力を育む全学共通選択科目や学部・学科専門科目から成る正課教育と，学生の自主的なプロジェクト活動や，クラブ・サークル，インターンシップ，その他自由な学生生活を通じた学びを支援する正課外教育の，二本柱で構築される（図補.2）。なかでも，全学初年次必修科目は，すべての学生の学びの基盤として位置づく。座学による知識重視の傾向がある教養教育において，実践や行動を強調するPA型教育を積極的に位置づけ，教養教育のもとに両者の融合をはかろうとするカリキュラム設計は，大きな挑戦であった。

2. 全学初年次必修PA科目の設計と運営

　2018年度以降，東海大学に在籍する約3万人のうち約7千人の初年次生である（2023年度現在）を対象に，4つのPA科目（各1単位・100分授業×7回）が

図補.2 東海大学のパブリック・アチーブメント（PA）型教育の構造

「発展教養科目」として必修化された（表補.2）。以下，とくに約5千人の初年
次生が学ぶ湘南キャンパスでの授業形態を紹介する。

　これらPA科目には，3つの特徴がある。第一に，グループワークが必ず実
施されることである。PAでは，社会のなかの多様な利害関係者と直接話し合
い，ともに行動し課題解決に取り組む「経験」が重視される。しかし，全学必
修科目での実践の「経験」は現実的でないため，授業内で他者と話し合いその
成果を共同で発表する過程を組み込んだ。できるだけ異質な他者との出会いを
実現するため，複数学科混成の60〜70名程度でクラスを編成している。

　第二に，授業は新規採用者を中心とする多様な分野の教員が学問領域を問わ
ず担うことである。これらの科目はジェネリックスキル（汎用的技能）育成の
場と位置づけられ，湘南キャンパスの新任特任教員は原則として着任後の一定
期間，事前研修を経てPA科目のいずれか一つを担当する。これにより，新任
教員に建学の精神を引き継ぐPA型教育を伝える機会となるが，それ以上の意

表補.2　東海大学の初年次必修パブリック・アチーブメント科目
（2023年度現在）

シティズンシップ （現代社会と市民）	多様な人々・様々な問題 自身の当事者性・関心と共感
シティズンシップ （社会参画の意義）	社会を変える具体的な方法 自身の力・可能性
地域理解	地域課題の発見 自身を含む多様な人々の共創
国際理解	多様な他者との共生と共創に参画する グローバル・シティズンシップ

義として，あらゆる学問分野から PA 型教育の具体像が模索され，多様で豊かな PA 科目の内実を生み出すことにもなっている。

　第三に，必修科目としての衡平性を担保する必要性である。PA 型教育のもつ創造性を阻害せずに衡平性を担保するため，成績評価や授業運営について一定の共通ルールを設けたうえで，担当教員の研修や経験交流の機会を通じ課題の共有，授業の改善を図っている。

3．全学初年次必修 PA 科目の概要と基本構成

　次に，各科目の概要と基本的な構成を示す。

■「シティズンシップ（現代社会と市民）」

　この科目は，シティズンシップの観点から，多様な人々が民主政治の担い手である市民として意見の相違を乗り越え，相互の人権を尊重しあえる社会を形成していくにはどうすればよいか，自分の考えを言葉にしたり他者の意見を聴いたりしながら，ともに考究することを目的とする。

第1回：シティズンシップについて考える①
　　　　市民とは何か（市民の役割の変化やその背景など）
第2回：シティズンシップについて考える②
　　　　社会課題の具体像と市民の力
第3回：多様な他者と共に生きる社会の構想①気づく

第4回：多様な他者と共に生きる社会の構想②調べる
第5回：多様な他者と共に生きる社会の構想③深める
第6回：多様な他者と共に生きる社会の構想④伝える
第7回：まとめとふりかえり

■「シティズンシップ（社会参画の意義）」

行動を通してシティズンシップを実践するために，社会に参画する具体的な方法を知る必要がある。この科目は，投票，署名，パブリックコメントや市民委員など制度化された社会参画や，ボランティアや市民活動・社会運動など社会に参画し変革するために生み出された民主的方法について具体例から学び，市民の役割として社会に参画する必要性と政治的主体としての自らの可能性について理解することを目標とする。

第1回：現代社会における社会参画の必要
第2回：制度化された社会参画・積極的行動を通じた社会参画
第3回：日常生活の中での社会参画
第4回：大学生活を通じて社会に参画するには
第5回：具体的な社会課題を調べ，深める
第6回：発表と意見交換
第7回：まとめとふりかえり

■「地域理解」

「暮らしの基盤としての地域の課題を理解する〜○○に着目して」をサブタイトルとし，「○○」には担当教員の専門性や関心にもとづくテーマが設定される。一人ひとりの暮らしはある地域のさまざまなひと，もの，ことに支えられており，豊かな人生を営むためにはその基盤である地域を豊かに持続させていくことが必要であるという認識に立って，自らが暮らす地域社会を見つめ，多様な人々の目線に立って地域の課題を発見し，その解決について考え，地域づくりにおける自らの役割を認識することを目標とする。

第1回：地域について考える〜"わたし"の目線から
第2回：地域について考える〜多様な人々の目線から
第3回：地域の課題を知る〜○○に着目して

第4回：地域の取り組みを知る〜○○に着目して
第5・6回：地域の課題と人々の関係を理解する〜パワーマップづくり
第7回：まとめとふりかえり〜地域の課題解決とわたしたち

■「国際理解」

　さまざまな背景と価値観を持つ人々が混在する「グローバル社会」において平和で公正な世界を構築していくために，どのように考え，行動していけばよいか，今まで当然と思ってきた自分の思考の枠を取り払い，国際社会の現実を客観的に理解すると共に，グローバル社会における自分自身のアイデンティティを認識し，多様な他者と共に生きる力を得ることを目標とする。上記「地域理解」と同様に，担当教員が専門性や関心に基づくテーマを設定する（下記構成一覧の「○○」にそれらが組み込まれる）。

第1回：グローバル社会とは
第2回：グローバル社会のつながりを知る（1）
　　　　〜○○から見る世界とわたし
第3回：グローバル社会のつながりを知る（2）
　　　　〜○○から見る世界の共創
第4回：グローバル社会の現状を理解する（1）
　　　　〜ニュースから読み解く世界
第5回：グローバル社会の現状を理解する（2）
　　　　〜○○を取り巻く世界の状況とわたしたち
第6回：グローバル社会における共生を考える
第7回：まとめとふりかえり〜グローバルシティズンとしてのわたし

　実際の授業は，これら基本構成に則りつつ，各担当教員の専門性や関心に沿った工夫のもと，展開された。特に「地域理解」「国際理解」は，全体を貫くテーマを担当教員が設定し，その視点から地域や世界を見て考える，多様な授業実践が創造された。次頁以降，これら2つの科目の具体的展開の事例を掲載する。なお，東海大学の実践については，以下参考文献も参照されたい。

📖　引用・参考文献

堀本麻由子（2020）「訳者あとがき」，ボイト，ハリー・C. 著，小玉重夫監修，堀本麻由

子・平木隆之・古田雄一・藤枝聡監訳『民主主義を創り出す：パブリック・アチーブメントの教育』，東海大学出版部。

Horimoto, Mayuko and Sachi Ninomiya-Lim（2020）"Nurturing Citizenship in Higher Education : Public Achievement-style Education at Tokai University," Educational Studies in Japan : International Yearbook, 4 ,29–38.

小玉重夫・菊池かおり・ハリー・ボイト・高橋史子・堀本麻由子・二ノ宮リムさち（2019）「課題研究：グローバル時代の教育と政治（Education and Politics in a Global Age）」，『教育学研究』86(1)，62–67。

二ノ宮リムさち，池谷美衣子，田島祥（2022）「全学必修シティズンシップ教育の遠隔実施における課題と可能性：教員アンケートをもとに」東海大学スチューデント『アチーブメントセンター紀要』6，31–52。

授業実践事例 ①

地域理解
：暮らしの基盤としての地域の課題を理解する
～SDGs に着目して

小坂真理（教養学部人間環境学科）

　東海大学の「地域理解」では，地域について理解すること，地域の課題を公的な問題として認識し，自らの役割を考えることが授業の到達目標として設定されている。そのため，2015年に国連で採択された持続可能な開発目標(SDGs)をテーマとして扱い，SDGs を自分ごととして捉えること，SDGs の考えを実践的に運用できるアイデアを得ることを目指した授業を設計した。授業の構成として5つのステップ[1]を用いたため，それぞれで用いた教材や授業の展開について説明する。

ステップ1：SDGs を理解する

　最初に，SDGs とは何かについて丁寧な説明をすることから始めた。これは授業の開始時点で，約4割の学生が高校の授業やメディアを通じて SDGs そのものを認知していたが，食品ロスの削減やペットボトルの廃棄といった環境的側面の認識が強く，SDGs は環境問題の目標と言わんばかりの偏った理解が散見されたためである。その一方で，ジェンダー格差，外国人労働者の雇用環境，外国にルーツをもつ学生の教育，家事や介護と仕事の両立といった社会的課題もこれに関連しているという理解は低かった。そのため，生きづらさを理解する，SDGs の特性を理解する，SDGs のターゲットを全般的に理解するということに重点を置いた説明を行った。

①生きづらさを理解する
　地域コミュニティの課題解決にあたっては，環境問題だけではなく，社会的

図①.1　国連・持続可能な開発目標（SDGs）

課題についても理解する必要がある。そのため，「SDGs＝環境の目標」ではな
いこと，生きづらさを抱える人がよりよい状態で生きることができる社会を作
るための目標であること，自分の身の回りにも社会的課題で生きづらさを感じ
ている人がいる可能性が高いことに重点をおいた説明を行った。しかし主な受
講者の年齢は18〜20歳であり，まだ社会に出ていないため「生きづらさ」とい
う概念を理解しにくい年齢層でもある。そのため，「生きづらさを抱える人」
とは状況を変えたくても自分だけでは変えることができない人であること，あ
るいは，その状況から簡単に抜け出せる手段がある場合は生きづらさではない
といった説明をする必要があった。

② SDGs の特性を理解する

　SDGs には，包摂性（誰一人取り残さないこと），参画型（パートナーシップ構
築の際に脆弱な立場の人やステークホルダーをメンバーとして取り込むこと）といっ
た特性がある。これらは地域の課題を解決する上で重要な要素となるため，な

表①.1　ジャパン SDGs アワードの選考評価基準

普遍性	①	国際社会においても幅広くロールモデルとなり得る取組であるか
	②	国内における取組である場合，国際目標達成に向けた努力としての側面を有しているか
	③	国際協力に関する取組である場合，我が国自身の繁栄を支えるものであるか
包摂性	①	「誰一人取り残さない」の理念にのっとって取り組んでいるか
	②	多様性という視点が活動に含まれているか
	③	ジェンダーの主流化の視点が活動に含まれているか
参画型	①	脆弱な立場に置かれた人々を対象として取り込んでいるか
	②	自らが当事者となって主体的に参加しているか
	③	様々なステークホルダーを巻き込んでいるか
統合性	①	経済・社会・環境の分野における関連課題との相互関連性・相乗効果を重視しているか
	②	統合的解決の視点を持って取り組んでいるか
	③	異なる優先課題を有機的に連動させているか
透明性と説明責任	①	自社・団体の取組を定期的に評価しているか
	②	自社・団体の取組を公表しているか
	③	公表された評価の結果を踏まえ自社・団体の取組を修正しているか
変革性	①	次の世代も見据えて，社会を変革する潜在性を有しているか
	②	（既に）社会に変革をもたらしているか
連帯性と行動変容	①	自らが主体となりながら，関係するステークホルダー（個人を含む）の行動変容につながっているか
	②	行動変容の連鎖をもたらしているか

出典：外務省ホームページ
https://www.mofa.go.jp/mofaj/gaiko/oda/sdgs/pdf/award 7 th_Implementation_point.pdf（最終アクセス日　2023年8月31日）

ぜ SDGs という目標が必要であったのかという背景も含め，SDGs が何を求めているのかを説明した。

　なおこの特性の説明では，日本政府が優れた SDGs 活動を行った団体に授与する「ジャパン SDGs アワード」の選考評価基準を参考にした（表補①.1）。

③ SDGs のターゲットを全般的に理解する

　17の目標の下には169のターゲットがあるが，ターゲットの内容まで理解しないと，目標が何を求めているかが把握できないこともある。たとえば目標8

118

は「包摂的かつ持続可能な経済成長及び全ての人々の完全かつ生産的な雇用と働きがいのある人間らしい雇用を促進する」という目標であるが，この表記からは雇用に強制労働や児童労働の撲滅（ターゲット8.7）といった課題があることを認識することは難しい。そのため，17の目標レベルの説明だけではなく，169のターゲットまで深堀しながら説明した。また，学生が関心を持ってSDGsに接することができるように，受講生の所属学科の分野に関連するターゲットにも言及するように心がけた（たとえば，航空宇宙学科の学生に対する説明では，ANAの事業活動をターゲットに紐づけた図を作成した）。

　本来であれば教材としてSDGsが含まれた国連文書「我々の社会を変革する：持続可能な開発のための2030アジェンダ」を配布したうえですべてのターゲットを確認することが望ましいが，授業回数が限られているために，地域課題に関するターゲットに焦点をあてた。それでも学生からは，「SDGsは何となく知っていたが児童労働のターゲットがあることは知らなった。自分が思っていたよりも多くの課題をカバーしていた」「今まで内容を摑みにくかったけれど，ターゲットを見てSDGsが何を言いたいかが理解できた」といった声が寄せられた。

ステップ2：地域の課題や自分の生活とSDGsの関係を理解する

　次のステップは，一つの地域の課題であっても数多くのターゲットと関連すること，また自分の生活とSDGsが関連することを理解することである。

　どのような地域課題でも事例として取り上げることができるが，教員自身が当事者として直面している地域課題のほうが，学生も課題の「リアルさ」を共感しやすいと考え，女性の“ワンオペ育児”（子育てを一人で担わなければいけない状態）という課題事例を選択した。ワンオペ育児をすれば，産後うつになりやすい，仕事を継続しにくい，（その結果として保育園に入ることができず）子どもの就学前教育へのアクセスが限られる，母親の働く機会が失われた結果として，経済的な自立が難しくなるといった点を幅広く説明することにより，この課題が目標5（ジェンダー）以外にも目標3（健康），4（教育），1（貧困）

などのターゲットにも関連することを説明した。

　そのうえで，自分の生活にどのような SDGs に関わる課題があるかを理解するために，「自分たちに関係すると思われるジェンダー格差（目標5）問題について，①なぜ自分の地域でその問題の取組みが進んでいないのか，②そのために大学生は何ができるのか，を説明しなさい」という課題を与え，5人1組のグループワークを行った。学生の反応として，就職活動で女性だけスカートをはいていること，女性の政治家が少ないこと，性的マイノリティに対する対応が少ないことといった課題が特定された。取組みが進まない理由として，性別役割分担の固定観念が根強いこと，社会課題に対して意見を持たない風潮があること，現在の意思決定者のジェンダー平等の意識が低いことがあがった。大学生ができる取組みには，SNS などを用いて声を上げる，学生団体を立ち上げてクラウドファンディングで活動費を得る，選挙に行くといった点があがった。

ステップ3：地域社会の課題を改善するために，実際に SDGs がどのように使われているかを理解する

　SDGs が実際に地域でどのように運用されているかを理解することも重要である。そのため先駆的な SDGs 取組みを行っている，自治体 SDGs モデル事業の事業計画書を教材として用いた[2]。それぞれのモデル事業の計画書には，地域が抱える課題の種類や，それを解決するためのプロジェクトの内容，プロジェクトが関連する SDG ターゲットなどが記載されている。授業では自治体 SDGs モデル事業の背景と，鎌倉市と小田原市のプロジェクト事例を説明した。

　そのうえで演習として，学生が関心のある自治体 SDGs モデル事業を一つ選び，その事業計画書を見ながら①どのような地域課題があるか，②解決のためにどのような活動計画が立てられているか，を読み取るワークを行った。

　演習を行った学生の感想として，「ひとつの課題解決に対して，環境，経済，社会の側面からたくさんのプロジェクトを行っているのに驚いた」「SDGs は社会，経済，環境といった幅広い目標分野を扱っていることが計画書の活動内

容からも見て取れた」というものが多かった．また，自分の出身地が自治体
SDGs モデル事業に選定されていたことを知らなかった学生も多く，「自治体
はもう少し積極的に自治体 SDGs モデル事業に選定されたことを市民に伝える
べきではないか」といった声があげられた．

ステップ４：自分で地域課題を解決する計画書を作る

地域課題を解決するために実社会ではどのような計画が作られているかを学
んだ上で，次のステップとして，自分の出身地の地域課題を解決する計画書を
作成するという演習を行った．

具体的には，①自治体 SDGs モデル事業の計画書でも書かれているように，
ある特定の地域課題について2030年に到達したい状態を目標として設定する，
②その目標を達成するための活動案を考える，③その活動において大学生が果
たす役割を特定する，④計画案に関連する SDG ターゲットを特定する，とい
う４点について，用意したフォーマットに書き込むようにした．またこの授業
では，生きづらさを抱える人にとってよりよい社会を作ることの重要性も伝え
てきたため，社会的課題に対する計画書を作成することも促した．

計画書作成にあたり，学生はかなりの時間を費やしていたようであった．し
かし，図①.1に示すような計画書案が出来上がるなど，自分の経験や専門分野
を活かしたものを作り上げていた．

ステップ５：他者に発表し，フィードバックを得る

ステップ４で作成した計画書について，5〜6名のグループのなかで発表し，
フィードバックを得るというグループワークも行った．

また授業の最終回には，各グループで最も優れた計画書を作成した学生が全
体の前で発表することで，地域理解で学んだことや個人の考えを共有する機会
を設けた．

最後に，地域の課題解決において大学生が担う役割について簡単に触れてお

学生A：誰でもスポーツを！

② スポーツ施設において，何らかの身体障がいを持っている人とスポーツを行う。基本的な動きから高度な技まで伝え，相手が思い切りスポーツに打ち込める環境を整える。

③ 実際にスポーツによる怪我で動けなかった経験がある大学生は，そのときのことを想像して，障がいがあって思うように動けない人の気持ちにも寄り添うことができるのではないだろうか。

学生B：外国にルーツをもつ子どもの教育支援

② 夏の長期休暇で，子どものお泊り保育のプログラムを運営し，プログラムを通して学ぶ機会を提供する。特に，外国にルーツを持つ子供たちに対する放課後の塾などの学習支援が少ないのではないだろうか。そのため長期休暇の期間に実施する。

③ 大学生は，自分が専門で学んでいることに関連した企画を実施する。

学生C：児童虐待の撲滅

② 虐待に悩んでいる子どもがいない世界をつくるために，大学生による秘密の聞き取り調査を行う。子どもたちに面談して調査を行う。結果は，学校ではなく事実が確認できた段階で市の関連部署に連絡する。

③ 大学生は子どもと年齢が近い。子どもにとって安心して話せる存在として力を発揮できるのではないか。

②は活動内容，③は大学生がその活動で担う役割を示している。（本文参照）

図②.2　学生の計画書案（抜粋）

きたい。この授業のグループワークや演習では，課題解決における大学生の役割を考える機会を何度か設けた。授業開始当初は，中学生や高校生にはできないが大学生にはできることとは何か，その違いがわからず学生の間で戸惑いが大きかったようにみえた。一部の学生からは，地域の課題解決は政治家や企業が行うものだと思い込んでいた，あるいは気候変動対策のためにハイブリッド車を買うといった（学生である身分では）なかなか行動に移しにくい費用のかかる活動を考えていたといった声があがり，自分たちが解決の当事者であるとの認識を持ちにくいようだった。しかし回を重ねる度に，自由に使える時間や拡大した行動範囲，そして高校生とは比較できないほどの専門知識が大学生としての強みであるという認識を形成していった。結果として，図②.2に見られるように興味深い案がいくつか出てきたことも印象的である。

　また，地域の課題を自分ごととして捉え続けるために，自分で導き出した計画案を実際にプロジェクトとして実行に移す体験も必要であるとの声も多くあ

がった。プロジェクト実施のために必要な団体と連携，調整することを考慮すると，課題特定から計画立案，計画実行までに1年間は要すると考えられるため，学生のプロジェクト活動を大学が支援する仕組みの活用や，他の授業との連携が必要だろう。

✎ 注

(1) 授業は7回で構成されているが，ここではそのうち初回と最終回を除く5回について説明する（1回の授業が1つのステップに該当する）。

(2) 内閣府地方創成推進事務局ホームページ
https://www.chisou.go.jp/tiiki/kankyo/index.html（最終アクセス日 2023年8月31日）。

授業実践事例 ②

国際理解
：国際ニュース紹介活動

村上治美（元・語学教育センター）

　東海大学の初年次必修科目として「地域理解」「国際理解」が新しく立てられ，7コマで1単位となる構想が明らかになったとき，湘南キャンパスの新入生5,000人全員に共通した「国際理解」に関する課題があることが望ましいと考えた。そこで共通課題として実施することにしたのが以下に説明する国際ニュース紹介活動である。（本書第3章のExercise 3-3参照）

1．国際ニュース紹介活動とは何か

(1)　国際ニュース紹介活動の目的

　若者は昔からあまり新聞を読まないといわれている。今の若者たちは暇があるとスマホを開き，自分にとって関心のある情報をのぞいている。そんな若者である学生たちに，少しでも国際社会に関心を持ってもらうためにこの活動を行うことにした。「国際理解」の第一歩はまず情報に接することである。

　また併せて人に伝える力の基本の習得も目指した。自分が調べた情報を人に聞いてもらうためにはどうしたらいいか。そのためには伝えるコツを教えるだけではなく，聞いている相手の発表を評価し，その結果を自分の発表に生かすこと，つまりPDCA（Plan, Do, Check, Action）サイクルを自分で回す姿勢を身に着ける体験をしてもらうことにした。

(2)　国際ニュース紹介活動の内容

　1クラス60人の学生たちを4人1組に分け，15グループでこの活動を行う。

　学生たちは初回・2回目と最後の7回目の計3回同じ活動をする。1回だけでは身につかないことも，連続2回やり，それからしばらくたってもう1度す

ることにより着実にスキルを自分のものとすることができる。

　活動内容は，国際ニュース記事を一つ選んで読み，内容を理解した後に，3分間で説明できるようにアウトラインメモ（p.126アウトライン用紙）を作る。それからそのメモを見ながら一人で練習して，時間内に発表が収まるか調整し，実際に3人の仲間に聞いてもらい，評価を受ける。また仲間の発表を聞いて評価する。発表が一人3分で，評価票の記入などの時間を入れると，一人につき5分，4人いるので計20分ほどあれば発表部分の活動を行うことができる。2回目と最終回ではアウトラインの作成と練習は各自が課題として準備してくるので，授業の最初の20分をこの活動に使い，残りの80分で通常の講義を行う。

　自分になじみのない抽象的な説明を含むニュースを，何の準備もなく聞いてもらうだけで内容を理解させるのはけっこう難しい。読み上げられただけの新聞の記事を聞いて，書かれている内容がわかるかといえばそうではない。新聞記事は読んで理解してもらうために書かれたもので，それを聞いてわかりやすくするためには一工夫が必要となる。

　たとえば「PDCA」という略語は文字で読めばすぐわかるが，音で聞いたときすぐには思い浮かばない人もいる。そういう場合「PDCA，つまり計画して，実行して，チェックして，修正していくこと」というように，話すときは説明を入れてわかりやすくする工夫が必要となる。聞きなれない単語や固有名詞などが出てくる場合，元の新聞記事に説明がなくても，情報を調べて補ったほうが聞いてわかる発表になる。

　新聞記事を読んでそのニュースの内容を整理してアウトラインを作成することは，ゼミでの発表のハンドアウトの作り方，発表の仕方に通ずるもので，初年度教育のなかで経験しておくべきことの一つである。

2．国際ニュース紹介活動の指導の実際

(1)　授業前に教員が準備すること

　初回の授業100分を使って，新聞記事を読んでアウトラインを作成し，それをもとに3分間発表し，相互評価する流れ全体を実習する。そのために教員が

準備するためのものを下に挙げる。

① 「ニュース紹介活動とは何か」の説明用プリント

② 教師が見本を見せるニュース記事とそのアウトラインメモ

③ 学生が実際に作業する新聞記事４種類（アジア・アメリカ・ヨーロッパ・その
　　他の地域から選ぶ）。これらはグループ毎のファイルに一部ずつ入れて事前に
　　指定したグループの机においておく。60人クラスの場合ファイルは15あり，
　　間隔をあけてグループの４人が座る場所を指定する目印にもなる。

　　日本で報道されている国際ニュースは北東アジア（中国・韓国・北朝鮮）
とアメリカ合衆国の記事が多い。それ以外の記事を探すのは普段から注意し
ておく必要がある。その他の地域として中近東・アフリカ・オーストラリ
ア・オセアニアがあるが，それら地域のニュースでよいものがないときは，
タイやインドのものを「その他」に含めるときがある。

　　また事態が長期化している複雑な案件，たとえばパレスチナ問題などは背
景知識を知らない人に３分でわかりやすく説明するのは難しい。なるべくそ
の記事だけで完結している「小ネタ」で，複雑な世界情勢と関係がなく，で
きたら学生たちに身近な話題から探すことにしている。国際ニュースは政治
のニュースばかりではない。人々の暮らしを伝えるものは学生たちの興味を
ひきやすく，日本との違いが際立つものも多く「国際理解」につながる。

④アウトライン用紙

国際ニュース紹介アウトライン

学生証番号＿＿＿＿＿＿　氏名＿＿＿＿＿＿＿＿＿＿＿＿

担当地域（　　　　　　　　　）　**発表時間　　分　　秒**

メディア	
日付	年　　月　　日（　　　）
最初の説明	
記事のメモ	
まとめ + 自分の考え	

⑤評価票

国際ニュース紹介評価票　　　　　　　　　グループ＿＿＿＿＿

学生証番号＿＿＿＿＿＿　　氏名＿＿＿＿＿＿＿＿

担当地域(　　　　　　)　時間:　　　分　　　秒

発表者氏名			
①最初の説明	あった　　　なかった	②事前準備	5　4　3　2　1
③聞いて わかったこと			
④発表内容	5　4　3　2　1		

担当地域(　　　　　　)　時間:　　　分　　　秒

発表者氏名			
①最初の説明	あった　　　なかった	②事前準備	5　4　3　2　1
③聞いて わかったこと			
④発表内容	5　4　3　2　1		

担当地域(　　　　　　)　時間:　　　分　　　秒

発表者氏名			
①最初の説明	あった　　　なかった	②事前準備	5　4　3　2　1
③聞いて わかったこと			
④発表内容	5　4　3　2　1		

⑥掲示用のグループ分けした学生名簿……東海大学のPA科目では，できるだけ異なる学科の学生と交流することも目指している。初年次必修科目では，学生は自分で授業を登録するのではなく，大学が指定する複数学科の混成クラスを履修する。その趣旨をふまえ，グループの中にさまざまな学科の学生が入るように注意して4人1組のグループを作成する。

(2) 授業前半の教師の説明

①国際ニュース紹介活動の目的を説明し，これから3分間使ってニュース紹介をする概要を話す。

②実際に教師が実演してみせる。

　まず，見本用のニュース記事を読み上げる。その際，聞きながら重要と思われるところに線を引かせる。学生にとって初見の文章であるので，発表の元になる文章の内容を理解してもらう必要がある。また，新聞記事を読み上げる時間を計測し，読んだだけでどれくらいかかるかを示す。

　次に，見本に作成したアウトラインを見ながら，教師が実際にニュース紹介を実演する。注意点として，事前に何回か練習し2分30秒以上3分以内という時間内に発表を終わらせるようにする。

③アウトライン作成方法の説明

　見本のアウトラインを見ながら，どのような注意が必要かを説明していく。この際重要なことは「章立てして箇条書きに書く」ことと，「キーワードのみを並べる（文で書かない）」の2点である。

　上記の注意を繰り返しても，ニュースの要約文を書いてしまう人がいる。そういう人たちに向けて，要約文では困ることを説明する必要がある。問題は要約文を書いた場合，発表者はそれを読み上げるだけになる。それは「伝える」のではなく，「読む」ことである。

　「2022年2月24日に開始されたロシアによるウクライナへの侵攻はもうすでに1年2か月以上続いている。」という記事の内容を伝えるとき，これをこのまま音声化すると，内容を再考することなく，目で文字のみを追ってな

めらかによどみなく発話できる。

　しかし，「2022年2月24日　ロシア→ウクライナ　1年2か月」とメモだけが書かれていた場合，そのまま音声化するわけにはいかないので，発表者は立ち止まり，助詞・動詞に何を使うかを考えながら発話することになる。その結果，上記の文を読み上げるときより当然時間がかかり，複雑な構文の発話はなくなる。また「侵攻」といった漢語ではなく「攻め込んだ」とか「攻めた」などの和語の方が，話すときにはなじみがあるので，発表者は自然とそちらを選ぶことになる。話し手の理解語彙と使用語彙の違いが作用して聞いてわかりやすい使用語彙が使われることになる。

　日付や固有名詞などを暗記する必要はなく，それはメモに書いておいて，そのメモをもとに文を組み立てるのは発表の場で考えながらする。そのことにより，聞いている人にとって理解しやすい発表になる。

④アウトラインの評価の説明

　「章立てする」「文で書かない」という注意点をただ説明しただけでは，実際に行動に移してもらえるかわからない。そこで上記2点がない場合減点するというアウトラインの評価基準を作成前に明らかにしておく。

　アウトラインの評価点を5点とすると，上記2つの項目ができていれば5点もらえる。ここで到達を目指すのは，章立てをしたキーワードだけで書かれたアウトラインが作成できることである。できなければ項目ごとにマイナス1点となる。章立てもなくただ文で書いたものが提出されたら3点になる。

　さらに1–(2)の後半で述べた，自分で調べて情報を補うということができた場合，追加点を与えることにする。自分で調べた部分は＿＿＿＿＿にして出典を明記するように指示しておく。

⑤作業開始直前の指示

　この授業は初回に行われるので，グループ内のメンバーは初対面である。そこで，グループ活動を円滑に行うためにアイスブレイキングを入れる。つまり，学生たちに自己紹介をグループ内でさせるのだが，こちらが何も指示

しなければ「××学科の××です」としか言わない。そのあとニュースの地域の分担を決める作業もあるので，それを決める基準作りのちょっとしたトピックについて話させる。たとえば3時限目の授業であれば，昼に何を食べたかを言わせ，その値段が高かったものから1の地域とする。または朝1限の授業であれば，何時に起きた，大学まで何分かかる，など誰にでも答えられる話題を示す。

担当地域は1. アジア・2. アメリカ・3. ヨーロッパ・4. その他の4つがあり，グループ毎に新聞記事がそれぞれ一つずつファイルに入っている。分担が決まれば，決まった地域の記事を読んで個人作業でアウトラインを作成していく。

次回の担当は今回の担当地域から一つずつずれていく。次回は記事そのものも自分で探す。最終課題は地域自由で，自分が好きな地域の記事を準備する。

(3)　授業後半の発表前の指導

①作業中の机間巡視で注意すること

欠席者が2名以上いた場合，グループを解体して少なくとも3名以上にはなるようにする。アウトラインを文章で書いている人がいたら注意する。

新聞読解に苦労している場合，スマホなどで調べるようにアドバイスする。

②発表前に評価票（p. 127評価票）の説明をする

評価項目はA最初の説明（見出しにあたる部分）があったかどうか

　　　　　　B事前準備（アウトラインを作ったあとで，声に出して発表する
　　　　　　練習をしたかどうか）5段階評価

　　　　　　C発表内容　5段階評価

上記の3項目のほかに聞いてわかったことをメモする欄と，かかった時間を書く欄がある。学生のスマホにストップウォッチ機能がついているので，グループ内で時間計測係を決めて，発表が終わった時点で何分かかったかを全体で共有する。

評価票も採点される。学生は何も言わなければ5段階評価の5をつける。

　すべての評価項目に5の評価をつけるということは評価していないのと同じことである。

　原則評価4をつけ，よかったら5，問題があったら3をつけ，その理由を書くように指示する。ここでもすべての項目が4というのはあり得ないのでメリハリをつけるよう指示する。

　このように，「国際ニュース紹介」を3回行うことで，学生たちの国際理解に関する姿勢を涵養する一助になったと考えている。また，話すスキルの向上にも役立ったのではないだろうか。

授業実践事例 ③

国際理解
：やさしい日本語と国際理解

斉木ゆかり（語学教育センター）

　2023年現在，日本に住んでいる外国人の数は約300万人である。この数は今後ますます増加すると考えられる。これを読んでいるあなたが現在学生なら，就職した時，同僚の中にも外国人はいるだろうし，アパートのお隣さんが外国人になる可能性だってあり得るし，もしかしたらすでにそのような状況で生活している学生もいるかもしれない。しかし，授業で学生たちに聞くと学生の多くは外国人とどのように接したらよいかわからないと述べる。そこで，授業で「やさしい日本語」を使う活動をすることで，外国人との対話が円滑に行われる可能性があることを体験してもらい，外国人との対話に自信を持ってもらうことにした。

1．「やさしい日本語と国際理解」活動とは何か

(1)　「やさしい日本語」とは

　「やさしい日本語」が生まれたきっかけは1995年の阪神・淡路大震災である。当時日本に住んでいた外国人で日本語も英語も十分に理解できなかった人は，震災中や震災後，必要な情報を得ることができなかった。この時の反省から「やさしい日本語」が生まれた。その後，災害時だけでなく，日本人と外国人がコミュニケーションするため，「やさしい日本語」の活用が注目された。今では，「やさしい日本語」は，地域に住む外国人だけでなく，海外からの観光客や子どもや高齢者，障害者等とのコミュニケーションに効果的なツールの一つとして利用されている[1]。やさしい日本語の特徴は，1）1文を短く，2）むずしい語彙は言い換え，3）はっきり，ゆっくり話す，などである[2]。

(2) 「やさしい日本語と国際理解」活動の目的

「やさしい日本語と国際理解」活動をおこなった授業は「国際理解」という授業である。この授業の目的は，「今まで当然と思ってきた自分の思考の枠を取り払い，国際社会の現実を客観的に理解するとともに，グローバル社会における自分自身のアイデンティティを認識し，多様な他者とともに生きる力を得ること」である[3]。

やさしい日本語を使うことは，「今まで当然と思ってきた自分の思考の枠を取り払う」ことにつながる。なぜなら，発話の際に語彙の選択や言い回しを考え，相手の理解度に注意しながら発話しなければならないからである。そして配慮している自分について考えることは，「自分自身のアイデンティティを認識し，多様な他者」に対する意識化にも通じると考えた。

「やさしい日本語」を使う体験を通じて多様な他者とともに生きる力を得る可能性を求めて実施したのが次に述べる「やさしい日本語と国際理解」活動である。

(3) 授業における「やさしい日本語と国際理解」活動

授業でおこなった「やさしい日本語と国際理解」活動は全7回の授業の5回目と6回目を使用して行った。全授業の流れは以下のとおりである。

まず，1回目の授業説明が済むと2回目と3回目の授業で国際ニュース記事の要約と発表活動[5]をした。国際ニュース記事は自分が気になる国や憧れの国のニュースを選んで良いと説明した。それは4回から続く「やさしい日本語と国際理解」活動と関連を持たせるためである。4回目の授業では日本の外国人の実態と大学に在籍する留学生の存在に気づくよう学生たちに調査をさせた。そして，4回目の宿題として「やさしい日本語」を使って自分が育った故郷自慢をするため，視覚補材と原稿作成をし，5回目の授業で発表した。6回目の授業では5回目の体験から学んだことを元に，今度は「その国の人になって故郷の町自慢」というテーマで，その国の人の名前を名乗って故郷を紹介した。

表③.1　授業の流れ

授業回数	目的	内容	留意点
1回目	授業の予定を知る	ガイダンス	授業方法の説明
2回目	海外へ関心を持つ	国際ニュース紹介1	教員が資料準備
3回目	発表する	国際ニュース紹介2	学生が資料準備
4回目	在日外国人を知る	在日外国人と東海大学の留学生の実際	学生が実態を調べ，発表する
5回目	やさしい日本語を使う	自分の故郷紹介をやさしい日本語でする	話す時の注意点に意識を向ける[4]
6回目	やさしい日本語で対話を楽しむ	やさしい日本語で対話する	実際に話す時の工夫に気づく
7回目	授業をまとめる	授業レポート	学びの確認をする

町にした理由は学生が詳しく調べなければ発表できない状態にしたかったからである。国自慢をした時はアメリカやイギリスを選んだ学生は自由の女神や地下鉄など誰でも知っている場所を提示し，驚きや発見はなかったが，町を選んだ学生は，他の学生が知らない内容を発表し，その後の質疑応答が盛り上がりを見せたからである。

　7回目は学びの集大成ということで，この授業で何を学んだかを振り返る時間にした。次章では「やさしい日本語と国際理解」活動の実際について紹介する。

2．「やさしい日本語と国際理解」活動の実際

(1)　授業での活動の前にしたこと

　学生は授業活動の前にそれぞれ，1）自分の故郷自慢，2）その人になって国自慢をするとしたら何をするか考え，3分で発表できるように原稿と視覚補材を準備した。原稿作成の際，学生たちはやさしい日本語の3つの注意点，すなわち，1）1文は短く，2）聞き手にとってわかりにくいと思われる語彙は言い換えるか説明文をいれる，3）はっきり，ゆっくり話す，を意識して作成した。また，発表の際に利用する写真をノートパソコン，タブレット，スマホ

表③.2 「私の町自慢」「その国の人になって町自慢」の流れ

順序	所要時間	内容	効果
1	10分	個々に練習	心の準備ができる
2	1人5分×4 （20分）	4人組になって一人ずつ発表し質疑応答	発表をしたり，グループのメンバーの発表を聞いたりすることで，内容を理解し，よりよい発表方法に気づく
3	10分	グループで1名選んでその発表をもっと良くなるように相談する	助言をしたり助言を受けたりすることで，グループに結束がうまれる
4	50分	グループの代表者が皆の前で発表する／またはポスター発表形式により複数の学生が同時進行で発表する	代表者は発表への自信が生まれ，聴衆は発表の内容に興味をもち，発表の方法を学ぶ／ポスター発表の場合，発表者以外の学生は興味がある発表者の所へ行って内容を聞き，質疑応答で理解を深め，発表の方法を学ぶ
5	10分	感想をグループで述べ合う	自分が気づかなかった部分を他者の発言から知る

にアップし準備した。

(2) 活動の流れ

「私の町自慢」と「その国の人になって町自慢」の活動の流れは表③.2のとおりである。どちらの活動も流れは共通である。

(3) 活動の評価

4人組での活動が終わったら学生間で相互評価[6]をおこなった。用紙は表面が発表原稿，裏面が相互評価票になっている，表面の原稿作成の面は学生が自宅で使用し，裏面の評価用紙は発表日に使用した。また，授業の終わりに活動を通じて感じたことを，表面の用紙の最後に記入して提出した。

3．実践をふりかえって

「やさしい日本語と国際理解」活動をすることで将来学生たちは日本語で外

国人や高齢者とコミュニケーションする際に，言葉を選んだり，話すスピード
を変えるなど，相手への配慮を行う可能性があるかもしれない。学生たちはや
さしい日本語を使用することは難しかったと述べたが，だからこそ体験し，工
夫の仕方を学ぶ価値がある。

✎ 注

(1) 東京都生活文化スポーツ。
(2) 大阪市やさしい日本語。
(3) 「国際理解」全授業の共通の目標。
(4) 1文は短く，はっきり，ゆっくり話す。漢語やわかりにくい語は言い換える。
(5) 授業実践事例②参照。
(6) 授業実践事例②で紹介された評価票を利用。

📖 引用・参考文献

庵功雄（2014）「『やさしい日本語』研究の現状と今後の課題」『一橋日本語教育研究　2』
　　ココ出版1-12。
庵功雄（2016）『やさしい日本語——多文化共生社会へ（岩波新書）』岩波書店。
大阪市（2020）やさしい日本語で話してみませんか？
　　https://www.city.osaka.lg.jp/shimin/page/0000510655.html（最終アクセス日　2023
　　年5月30日）。
e-stat 統計で見る日本　在留外国人統計（旧登録外国人統計）
　　https://www.e-stat.go.jp/stat-search/files?page=1&toukei=00250012（最終アクセス
　　日　2023年5月30日）。
東京都生活文化スポーツ局
　　https://www.seikatubunka.metro.tokyo.lg.jp/（最終アクセス日　2023年5月30日）。

授業実践事例 ④

国際理解
：世界遺産（危機遺産）の視点から考える
普遍的価値と地域住民の暮らし

黒崎岳大（東海大学観光学部）

　国際社会の問題を自分のこととして考え，その課題について議論するとはどういうことであろうか。「地域理解」は，自分たちの周囲の問題に目を向け，その背景にあるさまざまな課題を議論しあう，いわば「自分の身近な課題に気づき，自ら積極的に関与していく学習」である。これに対して「国際理解」とは，日頃からニュース報道などで耳にする課題に対して自分の問題として捉え，その課題を考え，解決策に取り組んでいくことが求められる。いわば，「自分の外側に広がるグローバルな課題を理解し，自分のこととして捉え，考えていく学習」といえるだろう。その意味では，学生たちが「国際理解」という科目の学修を進める上でまず重要なのは，グローバルな問題を自分の身近な問題に引き付けて，関心を持たせることである。それと同時に，「地域理解」と同様に，「国際理解」においても，そこに存在している課題を，決して遠く離れたどこかの問題ではなく，自分たちの身近な問題として捉え，自分たちがその問題の当事者となったときにどのように解決策を提案できるのかを具体的にイメージさせることが重要なのではないだろうか。

1．科目「国際理解」における世界遺産（危機遺産）理解の意義

　このような問題意識の下で，筆者が授業テーマとして取り上げてきたのは世界遺産である。世界遺産は，ユネスコ（国際連合教育科学文化機関）が選定し，保護・保存を推進するため，国際的な重要性と普遍的な価値を持つ自然や文化遺産のことを指す。世界遺産の基準には，たとえば自然現象や美しい景観，文化的な価値や歴史的な意義などが含まれるが，これらの遺産は，人類共通の宝

であり，文化的な多様性と相互理解を促進する役割を果たしている。また，世界遺産の保護は持続可能な開発や環境保護の重要な要素ともされており，人々の意識を高めるための教育的な役割もある。

　とりわけ，日本では世界遺産に対する関心が世界の中でも極めて高く，観光旅行先でも世界遺産登録先が好まれる傾向が強い。学生たちの間でも世界遺産検定受験者数は増加しており，趣味・教養などに留まらず，就職活動などの実利的な関心からも世界遺産のことを理解したいという意識が高い。世界遺産が各国・地域の歴史や地理を学ぶための教材として利用されるケースも多い（石森・黒崎編，2023）。このようなことからも，世界遺産は学生が「国際理解」を学ぶための動機づけとしては極めて有効なツールといえるだろう。

　一方，世界遺産は学生たちの身近な問題になり得るという点においてもメリットがある。2024年2月末現在，日本国内には25の世界遺産が登録されている。学生たちが現在住んでいる場所，あるいは故郷の近くにも世界遺産登録の場所や史跡があることが多い。また5〜6月頃にユネスコの世界遺産委員会で国内の世界遺産登録候補地が総会に推薦された場合には，ニュース速報が流れ，登録遺跡が属する自治体では横断幕を掲げて，関係者が喜ぶ姿が大きく報道されてきた。このようなシーンを目にすることで，学生たちもこれまで，身近な場所や史跡が世界遺産に登録されたことの重要性を認識することがあったと思われる。世界遺産は，その定義においても指摘されているように，決して個々の地域の重要な遺産に留まるものではなく，人類にとっての「かけがえのない遺産」であることから，その価値を守るために世界中の人々が世界遺跡を守っていると考えるのは至極当然のことであるように思われている。

　しかしながら，現実の世界遺産の中では十分に維持がなされているとは言い難い状況のものもある。なかでも，「危機遺産」と呼ばれるものがあり，これについて知る人はそれほど多くない。「危機遺産」とは，ユネスコが指定する世界遺産の中でも，壊滅的な危機に直面している遺産のことであり，自然災害，武力紛争，人為的な破壊，開発の圧力などの要因によって，その存在や価値が脅かされている遺産を指す。危機遺産のリストアップは，その遺産への国際的

な関心や保全への取り組みを喚起することを目的としている。ユネスコは，危
機遺産の保護・復興のための支援や監視を行い，国際的な連携や対策の実施を
促している。このことは，いわば人類にとって普遍的価値のある世界遺産を守
るため，各国地域が責任をもって守ることを要請する（場合によっては強要す
る）ものであり，そのための国際社会のルールとして世界遺産の仕組みが存在
しているとみることもできるだろう。そのとき，世界遺産の価値を守ることは
絶対的な正義として存在し，国際社会の中で当然のこととして受け取られるこ
とになるのかもしれない。

　いっぽう，個々の危機遺産の事例について検討してみると，現地の人々は世
界遺産に登録されることを必ずしも絶対に正しいもの／維持しなくてはならな
いものとして認識しているとは限らないことが見えてくる。危機遺産に登録さ
れた理由としては，多くの場合は人為的な理由，とりわけ世界遺産が登録され
ている国や地域の住民の政治・経済や生活と関連している。その場合に，ユネ
スコ側から世界遺産の普遍的な価値が奪われかねない原因として挙げられるも
のに，各国の経済成長にとって重要な資源をめぐる問題や，日常の生活に苦痛
をもたらすような問題が起きていることに対する地元住民からの反対運動があ
る。もちろん，危機遺産を抱える国や地域の住民も地元の遺産の普遍的な価値
をすべて否定しているわけではない。場合によっては，国や地域を二分する議
論となり，その結果，登録から外れた遺産も存在している。

　我々の多くは，国連という各国の代表が集まる場で決められたルールは尊重
すべきものであり，そのルールを定めた機関から注意勧告を受けたら無条件に
是正することを当たり前のことと捉え，世界各地の人々もまた同じように行動
するものと当然視してしまいがちである。しかしながら，国際社会の代表によっ
て組織された機関が定めたルールであっても，地域住民の日常の生活の視点か
ら見た場合には，実情を正しく理解していない，場合によっては人々の生活に
犠牲を強いる好ましからざるものとなっていることさえもある。この場合は地
域住民の実情を正しく報告し，国際ルールに地域の視点を反映させるように努
力する（場合によっては，国際ルールから離脱することも厭わない）ことこそ，本

当の意味での「国際理解」ではないだろうか。

　「国際理解」というものは，一人ひとりの住民の地元の課題への取組みからなる「地域理解」の総和として存在すると考えてしまうかもしれない。しかし，場合によっては多数派の意見によって作り上げられたグローバル・ルールに対して，各地域の状況を理解したうえで，相互に調整しながらより良いルールへと作り替えていくことが真の国際社会を牽引する人々にとっては重要であろう。このような視点に基づいて，筆者は7回にわたる国際理解の授業を構築した。

2．授業の展開例

　「国際理解」の授業は全7回（1回100分間）で構成されている。またグループ学習は1班5～6人で行うことを想定している。

第1回：ガイダンス・世界遺産とは何か・自分と世界遺産

　初回の授業では，授業方針の説明などとともに，世界遺産に関する定義や種類，世界遺産条約が締結されるまでの歴史，世界遺産が登録されるまでの過程，また関係する組織などについて講義を行う。その中で，日本国内の世界遺産登録事例（筆者の授業では群馬県の富岡製糸場）について，その登録に至るまでに関与した国・県・市や地域住民などの関係者の動きを示して，いかに多くの人々が関与しているのか，また多くの人々が世界遺産登録を喜びに感じる理由などについて説明した。このことを通じて，地域の人々の貢献と国際社会のつながりを把握することに努めた。

　講義を受けて，授業中盤で，各学生に世界遺産から想起される言葉やイメージについて記述させた。A4サイズの用紙の中央に，「世界遺産」という文字を記入し，これに関連しそうな言葉をできる限り多く書き出させた（マインドマップの方法を利用）。その後，グループに分かれ，自己紹介と同時に，自分が書き出した言葉を発表し，各グループ内でイメージしたことの共通点・相違点を理解し合った。

第2～3回：世界遺産登録の条件・日本の世界遺産

　第2～3回授業では，世界遺産登録の条件について学び，それを具体的に理解するため，各グループで日本における世界遺産の事例について登録条件との関係を中心に調べさせ，プレゼンテーションを実施した。

　第2回授業前半では，まず世界遺産に登録されるための条件について講義を行った。①前提条件（保有する国が世界遺産条約の締約国であること，あらかじめ各国の暫定リストに記載されていること，保有する締約国自身からの推薦であること，不動産であること，保有国の法律で保護されていること），②「顕著な普遍的価値」および真正性と完全性，③10項目の登録基準の満たしているかという点を指摘した。特に③は10項目の登録基準と，その具体的な事例としてニュースで扱われることの多い比較的有名な事例（（i）とタージ・マハル，（viii）とグランドキャニオン，（ix）とガラパゴス諸島など）を挙げた。そのことで，登録基準をイメージし易くすることに努めた（表④.1）。

　第2回授業後半から第3回授業にかけては，日本における世界遺産の事例について学生たちが調べ，プレゼンテーションを実施した。グループごとに，各世界遺産の特徴，遺産が登録された条件，登録までの問題点や登録後の取り組みなどを調べた。第3回授業の後半では，各グループ5分（発表時間3分＋質疑応答2分）でプレゼンテーションを行い，質疑応答を行った。また発表後には，遺産選定までの経緯や遺産の保護などに関する取組みなどについて，発表された事例の間の共通点や相違点を比較する小レポートを実施した。

第4回：危機遺産をめぐる普遍的価値の保持と地域住民の生活向上

　第4回授業では，世界遺産の中でも危機遺産を取り上げて，危機遺産の定義や，危機遺産が生まれた歴史的背景，危機遺産となった原因，および危機遺産に勧告後の各国政府などの取組みについて講義を行った。

　上述の通り危機遺産とは，世界遺産の中で，自然災害や紛争による遺産そのものの破壊や都市開発や観光開発による景観悪化，密漁や違法栽培による環境

表④.1　世界遺産登録基準と各基準で選ばれた主な世界と日本の世界遺産の具体例

登録基準	タイトル	主な世界の具体例	主な日本の遺産の具体例
i	『人類の創造的才能を表現する傑作。』	ピラミッド（エジプト），タージ・マハル（インド），シドニー・オペラハウス（豪州）など	法隆寺地域の仏教建造物，姫路城，厳島神社など
ii	『ある期間を通じてまたはある文化圏において，建築，技術，記念碑的芸術，都市計画，景観デザインの発展に関し，人類の価値の重要な交流を示すもの。』	ローマ歴史地区（イタリア），シルク・ロード：長安から天山回廊の交易網（中国など）など	古都京都の文化財，古都奈良の文化財，紀伊山地の霊場と参詣道など
iii	『現存するまたは消滅した文化的伝統または文明の，唯一のまたは少なくとも稀な証拠。』	アユタヤ遺跡（タイ），ストーンヘンジ（英国），モヘンジョダロ（パキスタン）など	琉球王国のグスク及び関連遺産群，百舌鳥・古市古墳群など
iv	『人類の歴史上重要な時代を例証する建築様式，建築物群，技術の集積または景観の優れた例。』	アントニ・ガウディの作品群（スペイン），シンガポール植物園	富岡製糸場，明治日本の産業革命遺産など
v	『ある文化（または複数の文化）を代表する伝統的集落，あるいは陸上ないし海上利用の際立った例。もしくは特に不可逆的な変化の中で存続が危ぶまれている人と環境の関わりあいの際立った例。』	バリの文化的景観（インドネシア），ブルゴーニュの葡萄畑（フランス）など	白川郷・五箇山の合掌造り集落，石見銀山遺跡とその文化的景観，北海道・北東北の縄文遺跡群など
vi	『顕著で普遍的な意義を有する出来事，現存する伝統，思想，信仰または芸術的，文学的作品と直接にまたは明白に関連するもの。』	ウルル・カタジュタ国立公園（豪州），アウシュヴィッツ強制収容所（ポーランド）など	富士山—信仰の対象と芸術の源泉，広島平和記念碑（原爆ドーム）など
vii	『ひときわすぐれた自然美及び美的な重要性をもつ最高の自然現象または地域を含むもの。』	キリマンジャロ国立公園（タンザニア），グレートバリアリーフ（豪州）など	屋久島
viii	『地球の歴史上の主要な段階を示す顕著な見本であるもの。これには生物の記録，地形の発達における重要な地学的進行過程，重要な地形的特性，自然地理的特性などが含まれる。』	グランドキャニオン国立公園（米国），ガイランゲル・フィヨルド（ノルウェー）など	なし
ix	『陸上，淡水，沿岸および海洋生態系と動植物群集の進化と発達において進行しつつある重要な生態学的，生物学的プロセスを示す顕著な見本であるもの。』	ガラパゴス諸島（エクアドル），タスマニア島（豪州）など	白神山地，小笠原諸島など
x	『生物多様性の本来的保全にとって，もっとも重要かつ意義深い自然生息地を含んでいるもの。これには科学上または保全上の観点から，すぐれて普遍的価値を持つ絶滅の恐れのある種の生息地などが含まれる。』	セレンゲティ国立公園（タンザニア），中央アマゾン保全地域群（ブラジル）	知床，奄美大島・徳之島・沖縄島北部及び西表島

出典：UNESCO の HP 等をもとに筆者が作成。

破壊などが原因で,「危機にさらされている世界遺産リスト」に記載されている遺産である（安江, 2011）。危機遺産が生まれたきっかけは, 1979年に地震の災害を受けたモンテネグロの「コトルの文化歴史地域と自然」であった。しかし, その後危機遺産として登録される原因として, 人為的な原因によるものが増加している（中村, 2019）。授業の中では, 遺産を破壊することにつながった紛争や戦争といった批判すべき行為とともに, 世界遺産登録後の都市開発への制限や, 自然遺産登録地域での観光開発の制限などに対して, 遺産の所属する国や地元住民からの不満の声が挙げられている点についても指摘した。

　講義後半では, 具体的な事例としてドイツのドレスデンのエルベ渓谷の事例を取り上げて, 世界遺産としての普遍的な価値の保全と地域住民の生活向上との関係について, グループ内で意見交換を行わせた。同遺産は, エルベ川流域における中世の街並みが自然と文化を調査させた形で保全されていることを評価され, 2004年に世界文化遺産に登録された。しかし, その後エルベ川に架けられた大型橋の建設によって景観が損なわれたため, 2009年に登録から外された。この点に関して, 学生たちには, ①ユネスコ世界遺産側の国・地域への要望, ②地域住民がエルベ渓谷の景観を失うまでに至った葛藤, ③世界遺産登録を継続するべきであったかの賛否および登録を継続する場合にどのような調整が行われるべきであったか, という点について話し合いを行わせた。

第5〜6回：世界の危機遺産をめぐる現状と対策の調査分析と発表

　第5〜6回授業では, 世界各地に存在する危機遺産の事例を各グループに振り分け, その特徴, 世界遺産に登録された理由（登録基準など）, 危機遺産リストに記載することになった原因, 危機遺産リスト記載登録後の各国政府や国際社会・組織の取組みについてグループメンバー内で手分けして調べさせる。第6回授業後半では, 各グループがプレゼンテーション（7〜8分：発表時間5分＋質疑応答2〜3分）を実施する。

　各グループが発表する危機遺産の選定に関しては, 教員側で前もって候補遺産を振り分ける。発表する危機遺産は, 文化・自然遺産の別や地域的に偏りが

出ないことに加え，危機遺産リストに記載されることになった原因なども考慮して選出した。その中には世界３大宗教の聖地が重なるエルサレムや，内戦の中にあるシリアの遺跡，二度の危機遺産登録を受けた米国・フロリダ州のエバーグレーズ国立公園，都市開発により景観が変容している事例（オーストリア・ウィーンなど），密漁による自然破壊が行われた事例（インドネシア・スマトラ島の熱帯雨林など）など，特徴的な危機遺産を積極的に選んでいる。また現代の政治・経済・社会の問題が絡む背景を持つ遺産を入れることで，時事問題に対する意識を深めることを促した（具体的には，ロシアの侵攻に伴うウクライナの「オデーサ歴史地区」などは優先的に含めた）。

　各グループの発表後には，他のグループの発表との共通点や相違点を認識させた。また，それぞれの危機遺産への対応として，①ユネスコの勧告案に従い，従来の基準に則った保全計画に基づく改善を実施し，世界遺産登録を継続する，②各国の情勢や住民の生活の要望に従い，世界遺産登録抹消を受け入れる，③ユネスコ側の指摘する「顕著な普遍的価値」と「住民の生活の便宜」を調整して，新たな形での保全計画などを提案して，ユネスコと協議する，などを検討させた。

第７回：振り返り（世界遺産から考える国際理解）

　第７回授業では，全体のまとめとして，これまでの内容を振り返り，世界遺産（危機遺産）の学習を通じて学んだ「国際的な価値観（グローバルスタンダードな価値観）と地域住民の暮らし（各地域社会の価値観）との関係」について再確認し，各自が考える「国際社会を学ぶことの意義」についてのレポートとしてまとめた。

　また，前回の授業の最後に各自で検討した各々の危機遺産に対する対応策（上記①〜③）について各グループ内で検討させ，それぞれのグループ内で提示された対応策を比較しながら，クラス内で議論させることも検討できる。さらに，特定の危機遺産の事例を取り上げ，クラス内で世界遺産登録継続派と登録リスト削除容認派に分かれて「模擬諮問委員会」を実施し，議論終了後にクラス内

で世界遺産登録の継続の可否についての模擬投票を行うことも考えられる。こうした学習を通じて，学生たちが危機遺産の問題をより積極的かつ主体的に考えるきっかけになることが期待される。

3．さらなる国際理解の深化に向けて

　以上，「国際理解」の授業の一案として，世界遺産（危機遺産）をめぐる国際社会と地域社会との価値の対立の事例を学ぶ実践を提示してきた。このような国際社会の多数派と少数派をめぐる意見の対立に関しては，本授業で取り上げた事例以外にも多数のテーマが設定できる。捕鯨の是非をめぐる国際捕鯨委員会（IWC）での捕鯨禁止国と科学的調査に基づく実施容認国との対立（捕鯨容認側であった日本が2019年にIWCから離脱したことの是非についての議論も含め）などはその一例といえよう。国際社会の中で，時間をかけて議論を積み重ね作り上げられたルールに従うことは重要である。ただし，ただ無自覚に多数派の意見だから従うという姿勢は真の国際社会に生きる市民としては必ずしも望ましいとはいえない。国際社会の中でさまざまな意見を有する者たちが，それぞれの相手の立場を理解し，尊重しながら，多くの人たちが納得できるようなルールを築き上げるべく努力していくことこそが，今日求められているグローバル社会に生きる市民の姿ではないだろうか。

📖　引用・参考文献

石森大知・黒崎岳大編（2023）『ようこそオセアニア世界へ』昭和堂。
奈良大学文学部世界遺産を考える会編（2000）『世界遺産学を学ぶ人のために』世界思想社。
中村俊介（2019）『世界遺産：理想と現実のはざまで』岩波新書。
日本ユネスコ協会連盟編（2018）『ユネスコ世界遺産年報2018』日本ユネスコ協会連盟。
安江則子編（2011）『世界遺産学への招待』法律文化社。
UNESCO *World Heritage Convention* https://whc.unesco.org/（最終アクセス　2024年2月29日）。

---------------------------- ・ 関連資料 ・ ----------------------------

◆世界人権宣言◆

前文

　人類社会のすべての構成員の固有の尊厳と平等で譲ることのできない権利とを承認することは，世界における自由，正義及び平和の基礎であるので，人権の無視及び軽侮が，人類の良心を踏みにじった野蛮行為をもたらし，言論及び信仰の自由が受けられ，恐怖及び欠乏のない世界の到来が，一般の人々の最高の願望として宣言されたので，人間が専制と圧迫とに対する最後の手段として反逆に訴えることがないようにするためには，法の支配によって人権保護することが肝要であるので，諸国間の友好関係の発展を促進することが，肝要であるので，国際連合の諸国民は，国際連合憲章において，基本的人権，人間の尊厳及び価値並びに男女の同権についての信念を再確認し，かつ，一層大きな自由のうちで社会的進歩と生活水準の向上とを促進することを決意したので，加盟国は，国際連合と協力して，人権及び基本的自由の普遍的な尊重及び遵守の促進を達成することを誓約したので，これらの権利及び自由に対する共通の理解は，この誓約を完全にするためにもっとも重要であるので，よって，ここに，国際連合総会は，社会の各個人及び各機関が，この世界人権宣言を常に念頭に置きながら，加盟国自身の人民の間にも，また，加盟国の管轄下にある地域の人民の間にも，これらの権利と自由との尊重を指導及び教育によって促進すること並びにそれらの普遍的かつ効果的な承認と遵守とを国内的及び国際的な漸進的措置によって確保することに努力するように，すべての人民とすべての国とが達成すべき共通の基準として，この世界人権宣言を公布する。

第一条

　すべての人間は，生れながらにして自由であり，かつ，尊厳と権利とについて平等である。人間は，理性と良心とを授けられており，互いに同胞の精神をもって行動しなければならない。

第二条

　すべて人は，人種，皮膚の色，性，言語，宗教，政治上その他の意見，国民的若

しくは社会的出身，財産，門地その他の地位又はこれに類するいかなる事由による差別をも受けることなく，この宣言に掲げるすべての権利と自由とを享有することができる。

さらに，個人の属する国又は地域が独立国であると，信託統治地域であると，非自治地域であると，又は他のなんらかの主権制限の下にあるとを問わず，その国又は地域の政治上，管轄上又は国際上の地位に基づくいかなる差別もしてはならない。

第三条

すべて人は，生命，自由及び身体の安全に対する権利を有する。

第四条

何人も，奴隷にされ，又は苦役に服することはない。奴隷制度及び奴隷売買は，いかなる形においても禁止する。

第五条

何人も，拷問又は残虐な，非人道的な若しくは屈辱的な取扱若しくは刑罰を受けることはない。

第六条

すべて人は，いかなる場所においても，法の下において，人として認められる権利を有する。

第七条

すべての人は，法の下において平等であり，また，いかなる差別もなしに法の平等な保護を受ける権利を有する。すべての人は，この宣言に違反するいかなる差別に対しても，また，そのような差別をそそのかすいかなる行為に対しても，平等な保護を受ける権利を有する。

第八条

すべて人は，憲法又は法律によって与えられた基本的権利を侵害する行為に対し，権限を有する国内裁判所による効果的な救済を受ける権利を有する。

第九条

何人も，ほしいままに逮捕，拘禁，又は追放されることはない。

第十条

すべて人は，自己の権利及び義務並びに自己に対する刑事責任が決定されるに当っては，独立の公平な裁判所による公正な公開の審理を受けることについて完全に平

等の権利を有する。

第十一条

　犯罪の訴追を受けた者は，すべて，自己の弁護に必要なすべての保障を与えられた公開の裁判において法律に従って有罪の立証があるまでは，無罪と推定される権利を有する。

　何人も，実行の時に国内法又は国際法により犯罪を構成しなかった作為又は不作為のために有罪とされることはない。また，犯罪が行われた時に適用される刑罰より重い刑罰を課せられない。

第十二条

　何人も，自己の私事，家族，家庭若しくは通信に対して，ほしいままに干渉され，又は名誉及び信用に対して攻撃を受けることはない。人はすべて，このような干渉又は攻撃に対して法の保護を受ける権利を有する。

第十三条

　すべて人は，各国の境界内において自由に移転及び居住する権利を有する。
すべて人は，自国その他いずれの国をも立ち去り，及び自国に帰る権利を有する。

第十四条

　すべて人は，迫害を免れるため，他国に避難することを求め，かつ，避難する権利を有する。

　この権利は，もっぱら非政治犯罪又は国際連合の目的及び原則に反する行為を原因とする訴追の場合には，援用することはできない。

第十五条

　すべて人は，国籍をもつ権利を有する。

　何人も，ほしいままにその国籍を奪われ，又はその国籍を変更する権利を否認されることはない。

第十六条

　成年の男女は，人種，国籍又は宗教によるいかなる制限をも受けることなく，婚姻し，かつ家庭をつくる権利を有する。成年の男女は，婚姻中及びその解消に際し，婚姻に関し平等の権利を有する。

　婚姻は，両当事者の自由かつ完全な合意によってのみ成立する。

　家庭は，社会の自然かつ基礎的な集団単位であって，社会及び国の保護を受ける権利を有する。

第十七条

すべて人は，単独で又は他の者と共同して財産を所有する権利を有する。

何人も，ほしいままに自己の財産を奪われることはない。

第十八条

すべて人は，思想，良心及び宗教の自由に対する権利を有する。この権利は，宗教又は信念を変更する自由並びに単独で又は他の者と共同して， 公的に又は私的に，布教，行事，礼拝及び儀式によって宗教又は信念を表明する自由を含む。

第十九条

すべて人は，意見及び表現の自由に対する権利を有する。この権利は，干渉を受けることなく自己の意見をもつ自由並びにあらゆる手段により，また，国境を越えると否とにかかわりなく，情報及び思想を求め，受け，及び伝える自由を含む。

第二十条

すべての人は，平和的集会及び結社の自由に対する権利を有する。

何人も，結社に属することを強制されない。

第二十一条

すべて人は，直接に又は自由に選出された代表者を通じて，自国の政治に参与する権利を有する。

すべて人は，自国においてひとしく公務につく権利を有する。

人民の意思は，統治の権力を基礎とならなければならない。この意思は，定期のかつ真正な選挙によって表明されなければならない。この選挙は，平等の普通選挙によるものでなければならず，また，秘密投票又はこれと同等の自由が保障される投票手続によって行われなければならない。

第二十二条

すべて人は，社会の一員として，社会保障を受ける権利を有し，かつ，国家的努力及び国際的協力により，また，各国の組織及び資源に応じて，自己の尊厳と自己の人格の自由な発展とに欠くことのできない経済的，社会的及び文化的権利を実現する権利を有する。

第二十三条

すべて人は，勤労し，職業を自由に選択し，公正かつ有利な勤労条件を確保し，及び失業に対する保護を受ける権利を有する。

すべて人は，いかなる差別をも受けることなく，同等の勤労に対し，同等の報酬を受ける権利を有する。

　勤労する者は，すべて，自己及び家族に対して人間の尊厳にふさわしい生活を保障する公正かつ有利な報酬を受け，かつ，必要な場合には，他の社会的保護手段によって補充を受けることができる。

　すべて人は，自己の利益を保護するために労働組合を組織し，及びこれに参加する権利を有する。

第二十四条

　すべて人は，労働時間の合理的な制限及び定期的な有給休暇を含む休息及び余暇をもつ権利を有する。

第二十五条

　すべて人は，衣食住，医療及び必要な社会的施設等により，自己及び家族の健康及び福祉に十分な生活水準を保持する権利並びに失業，疾病，心身障害，配偶者の死亡，老齢その他不可抗力による生活不能の場合は，保障を受ける権利を有する。

　母と子とは，特別の保護及び援助を受ける権利を有する。すべての児童は，嫡出であると否とを問わず，同じ社会的保護を受ける。

第二十六条

　すべて人は，教育を受ける権利を有する。教育は，少なくとも初等の及び基礎的の段階においては，無償でなければならない。初等教育は，義務的でなければならない。技術教育及び職業教育は，一般に利用できるものでなければならず，また，高等教育は，能力に応じ，すべての者にひとしく開放されていなければならない。

　教育は，人格の完全な発展並びに人権及び基本的自由の尊重の強化を目的としなければならない。教育は，すべての国又は人種的若しくは宗教的集団の相互間の理解，寛容及び友好関係を増進し，かつ，平和の維持のため，国際連合の活動を促進するものでなければならない。

　親は，子に与える教育の種類を選択する優先的権利を有する。

第二十七条

　すべて人は，自由に社会の文化生活に参加し，芸術を鑑賞し，及び科学の進歩とその恩恵とにあずかる権利を有する。

　すべて人は，その創作した科学的，文学的又は美術的作品から生ずる精神的及び物質的利益を保護される権利を有する。

第二十八条

　すべて人は，この宣言に掲げる権利及び自由が完全に実現される社会的及び国際的秩序に対する権利を有する。

第二十九条

　すべて人は，その人格の自由かつ完全な発展がその中にあってのみ可能である社会に対して義務を負う。

　すべて人は，自己の権利及び自由を行使するに当っては，他人の権利及び自由の正当な承認及び尊重を保障すること並びに民主的社会における道徳，公の秩序及び一般の福祉の正当な要求を満たすことをもっぱら目的として法律によって定められた制限にのみ服する。

　これらの権利及び自由は，いかなる場合にも，国際連合の目的及び原則に反して行使してはならない。

第三十条

　この宣言のいかなる規定も，いずれかの国，集団又は個人に対して，この宣言に掲げる権利及び自由の破壊を目的とする活動に従事し，又はそのような目的を有する行為を行う権利を認めるものと解釈してはならない。

執 筆 者

＊二ノ宮リム　さち　東海大学スチューデントアチーブメントセンター・大学院人間
　　　　　　　　　環境学研究科教授，同・環境サステナビリティ研究所所員(序章，
　　　　　　　　　第2，4，5章，補章B)

＊高梨　宏子　東海大学スチューデントアチーブメントセンター講師（第1，3，6章，
　　　　　　　関連資料）

池谷　美衣子　東海大学スチューデントアチーブメントセンター准教授（終章）

花輪　光 ピーターソン　ミネソタ大学食農自然資源科学部応用経済学科教授（補章A）

小坂　真理　東海大学教養学部人間環境学科准教授（授業実践事例①）

斉木　ゆかり　東海大学語学教育センター教授（授業実践事例②）

村上　治美　東海大学名誉教授（授業実践事例③）

黒崎　岳大　東海大学観光学部准教授（授業実践事例④）

編著者プロフィール

二ノ宮リム　さち

東海大学スチューデントアチーブメントセンター・大学院人間環境学研究科教授，同・環境サステナビリティ研究所所員。主に地域社会と大学において，持続可能な社会づくりにつながる教育・学習・エンパワメントのあり方を追求している。主著に『社会教育・生涯学習入門――誰ひとり置き去りにしない未来へ』（人言洞・共編著）など。

高梨　宏子

東海大学スチューデントアチーブメントセンター講師。博士（社会科学）。専門は年少者日本語教育・成人学習論。外国につながる子どもの母語保持育成の活動に取り組み，学校教員や地域の学習活動に関わる支援者の研究を行っている。

パブリック・アチーブメント／シティズンシップ教育シリーズ
地域から学ぶ・世界を創る―パブリック・アチーブメントと持続可能な未来

2024年3月30日　第1版第1刷発行

編著者　　二ノ宮リム さち
　　　　　高 梨 宏 子

発行者　田中　千津子　　〒153-0064　東京都目黒区下目黒3-6-1
　　　　　　　　　　　　電話　03（3715）1501 ㈹
発行所　株式会社 学 文 社　　FAX　03（3715）2012
　　　　　　　　　　　　https://gakubunsha.com

ISBN 978-4-7620-3324-7